AF555758

# MINISTÈRE

# DE L'AGRICULTURE

# ET DU RAVITAILLEMENT

---

## PERSONNEL

---

Extrait de l'*Almanach national*
Annuaire officiel de la République Française
pour 1915-1919

---



NANCY, IMPRIMERIE BERGER-LEVRAULT

## MINISTÈRE DE L'AGRICULTURE ET DU RAVITAILLEMENT.

*Rue de Varenne, 78 (VII°).*

M. VICTOR BORET, député, *ministre de l'Agriculture et du Ravitaillement.*

CABINET DU MINISTRE.

M. Mazerat ✱, maître des requêtes au Conseil d'État, *chef du cabinet.*
M. Alexandre Palliez, *chef adjoint du cabinet.*
M. Albert Marnay, *sous-chef du cabinet.*
M. Garnier ✱, *chef du secrétariat particulier.*
M. Domenger, *attaché au cabinet.*
M. Baudry, *attaché au cabinet.*

### I. — SERVICES DE L'AGRICULTURE.

BUREAU DU CABINET.

M. Pradès O✱ (I), *chef de bureau.*
M. Roger (Philippe) ✱ (I), *sous-chef de bureau.*

1° *Enregistrement général. — Signature.*

Enregistrement général. — Ouverture, enregistrement et distribution des dépêches à l'arrivée.
Rapports avec le *Journal officiel*, la Chambre et le Sénat.
Centralisation des réponses aux questions écrites posées par les membres du Parlement.
Centralisation des affaires ressortissant à l'Institut international d'agriculture de Rome.

2° *Distinctions honorifiques.*

Propositions pour les distinctions honorifiques. — Nominations et promotions dans l'ordre de la Légion d'honneur. — Décorations étrangères.
Médailles d'honneur aux vieux ouvriers de l'agriculture. — Médailles d'encouragement.
Nominations et promotions dans l'ordre du Mérite agricole.

CONTRÔLE DES DÉPENSES ENGAGÉES.

M. Decron ✱, inspecteur des finances, *contrôleur des dépenses engagées.*

DIRECTION DU SECRÉTARIAT, DU PERSONNEL CENTRAL ET DE LA COMPTABILITÉ.

M. J. CARRIER (O✱), I, inspecteur général des améliorations agricoles, *directeur.*

1er BUREAU. — *Secrétariat, Personnel de l'administration centrale, Secours, Matériel, Bibliothèque et Archives.*

M. Marthe ✱ (I), *chef de bureau.*

1re Section. — *Secrétariat, Personnel de l'administration centrale, Secours.*

M. Perrot (✿I), *sous-chef de bureau.*

Secrétariat. — Conservation des décrets et arrêtés originaux. — Délivrance des ampliations aux services intéressés. — Insertions au *Bulletin des Lois* et distribution. — Légalisations. Conseils judiciaires du ministère. — Service médical. — Service d'entretien des bâtiments.
*Personnel.* — Personnel de l'administration centrale et gens de service.
Commission de répartition des fonds aux diverses œuvres de bienfaisance.
Questions générales et affaires qui ne ressortissent à aucun service.

2e Section. — *Matériel.*

M. Viala ✱ (✿I), *chef du matériel.*

Travaux d'entretien et de réparation des bâtiments. — Conservation du mobilier de l'hôtel et des bureaux. — Surveillance des gens de service. — Adjudications et marchés.

3e Section. — *Bibliothèque et archives.*

M. Moussu (✿I), *bibliothécaire-archiviste.*

Réception, classement et conservation des dossiers versés aux archives. — Classement et tenue du catalogue de la bibliothèque.
Dons d'ouvrages aux bibliothèques communales et autres. — Souscription, achat et répartition des livres. — Abonnements, publications, journaux, etc. — Insertion des annonces.
Dépôt de livres.

2e BUREAU. — *Comptabilité, caisse.*

M. Saillard ✱ (✿ I), *chef de bureau.*

M. Jullian (✿I), *sous-chef de bureau.*

1re Section. — *Comptabilité en deniers.*

a) *Budget et ouverture de crédits.* — Préparation du budget annuel et des lois de crédits additionnels. — Centralisation de tous les documents à fournir aux commissions parlementaires de la Chambre et du Sénat relatifs au budget.
b) *Ordonnancement et tenue des écritures.*
c) *Comptes définitifs et lois de règlement des exercices.*
d) *Cour des comptes.*
e) *Examen et vérification de la comptabilité des sociétés de courses; vérification et inspection sur place des opérations comptables du pari mutuel.* — Commission interministérielle de l'examen des comptes et budgets des sociétés de courses.

2e Section. — *Comptabilité-matières.*

a) *Comptabilité des matières de consommation et de transformation*
b) *Comptabilité-mobilier.*

3e Section. — *Caisse.*

M. Duluc (✿A), *caissier.*

Paiement des appointements et salaires, des indemnités diverses, des frais de tournée, des avances pour frais de mission, des dépenses courantes du matériel.
Paiement des dépenses des comités et commissions. — Paiement des dépenses du concours général agricole et du concours central hippique.
Délivrance aux créanciers des mandats de paiement sur la caisse du payeur central du Trésor

---

## DIRECTION DE L'AGRICULTURE.

M. SAGOURIN ✱ (✿I), *directeur.*

1re PARTIE. — ENSEIGNEMENT AGRICOLE. — ENSEIGNEMENT SUPÉRIEUR DE L'AGRICULTURE.

(Sous les ordres immédiats du directeur.)

1er BUREAU. — *Enseignement agricole secondaire et pratique.*

M. Berdin ✱ (✿I), *chef de bureau.*

M. Pion (✿A), *sous-chef.*

2e PARTIE. AFFAIRES TECHNIQUES ET ÉCONOMIQUES. — SECRÉTARIAT TECHNIQUE.

(Sous les ordres immédiats du chef de l'office de renseignements agricoles).

Études préparatoires des affaires au point de vue technique. — Directives générales pour assurer l'homogénéité.

Études techniques comparées relatives aux branches de la production végétale et animale, aux industries agricoles, aux industries de transformation des produits agricoles et aux petites industries rurales. — Études des charges financières et économiques de l'agriculture.

Étude préparatoire au point de vue technique des projets et propositions de loi relatifs à l'agriculture, à l'industrie et au travail agricoles. — Législation relative aux questions économiques, douanières et fiscales intéressant l'agriculture et l'industrie agricole. — Traités et conventions internationaux intéressant l'agriculture et le commerce de ces produits.

Conseil supérieur de l'agriculture. — Commission technique de l'horticulture. — Conseil de l'inspection générale de l'agriculture. — Commissions techniques chargées d'étudier les affaires relevant de la direction de l'agriculture.

2e BUREAU. — *Législation rurale et encouragements à l'agriculture.*

M. Sainte-Marie (✪I), *chef de bureau.*

1re SECTION. — *Législation rurale.*

M. Bouffard, *sous-chef de bureau.*

Étude des propositions de loi et préparation de projets de loi et décrets relatifs à l'agriculture et à l'industrie agricole. — Examen au point de vue juridique des projets de textes législatifs ou réglementaires préparés par les divers services de la direction de l'agriculture. — Chambres consultatives d'agriculture. — Reconnaissance des associations agricoles comme établissements d'utilité publique. — Dons et legs à ces établissements. — Examen des statuts des sociétés d'agriculture et des comices agricoles. — Législation concernant les syndicats et groupements agricoles. — Classification et analyse des lois, arrêtés, décrets, documents administratifs de toute nature et documents parlementaires intéressant l'agriculture et l'industrie agricole en France et à l'étranger. — Centralisation et analyse de vœux formulés en faveur de l'agriculture et de l'industrie agricole. — Centralisation de la jurisprudence intéressant l'agriculture et l'industrie agricole ainsi que le commerce de leurs produits.

Affaires contentieuses relevant de la direction de l'agriculture. — Recours en matière de règlements sur la boulangerie, la boucherie, les abattoirs et sur la vente des produits alimentaires dans les Halles.

2e SECTION. — *Encouragements à l'agriculture.*

M. Malton (✪), *sous-chef de bureau.*

Répartition des allocations et médailles aux sociétés d'agriculture et aux comices. — Encouragements aux syndicats d'élevage et aux associations fruitières, subventions et encouragements aux associations agricoles de toute nature. — Préparation et organisation du concours général de Paris et des concours d'animaux reproducteurs et de boucherie, de machines, de produits agricoles et concours spéciaux de races. — Concours de prime d'honneur et de prix culturaux, d'irrigation, d'horticulture et de petite culture. — Culture mécanique, concours d'appareils de motoculture. — Concours d'appareils utilisant l'alcool dénaturé. — Missions agricoles en France et à l'étranger. — Herd-books de la race Durham et des autres races. — Concours, congrès et expositions intéressant l'agriculture et l'industrie agricole en France et à l'étranger.

Application des lois concernant les primes à l'oléiculture, à la séricicullture et à la culture du lin et du chanvre. — Attribution des primes et des frais de surveillance.

Secours aux agriculteurs pour pertes et événements malheureux.

OFFICE DE RENSEIGNEMENTS AGRICOLES.

M. Lesage O✻ (✪A), inspecteur général de l'agriculture, *chef de l'Office.*

1re Section. — *Renseignements agricoles.*

Recherche, centralisation et publication des renseignements pratiques sur le commerce des produits agricoles; modes d'emballage et de conservation, transports, tarifs de douanes, droits de port, etc. Renseignements sur les conditions d'achat et de vente, commission, courtages, ventes sur échantillons, usages commerciaux, change, monnaies, poids et mesures, en ce qui concerne les produits agricoles et les matières nécessaires à leur production et à leur consommation. — Renseignements sur le commerce des machines et instruments d'agriculture.

Centralisation, dépouillement et publication des renseignements de toute nature fournis par les sociétés d'agriculture, les syndicats agricoles, etc., catalogues, prix courants intéressant les agriculteurs. — Publicité des adjudications des produits agricoles et des résultats obtenus. — Centralisation, dépouillement et analyse des journaux, livres et documents agricoles français et étrangers reçus par le service. — Analyse et publication des travaux scientifiques agricoles effectués en France et à l'étranger.

Renseignements techniques et commerciaux à donner aux directeurs des services agricoles et aux professeurs d'agriculture. — Réponse aux demandes de renseignements de toute nature relatives à l'agriculture et aux industries agricoles.

Centralisation des statistiques douanières et fiscales des produits intéressant l'agriculture en France et à l'étranger.

Institut international d'agriculture de Rome.
Rédaction et publication du bulletin mensuel et de la feuille d'informations.
Indemnités, frais d'enquêtes et de missions confiées aux directeurs des services agricoles et aux professeurs d'agriculture.

2e Section. — *Enquêtes et statistiques agricoles.*

M. Moyen (I), *sous-chef de bureau.*

Recherche, centralisation et publication des renseignements de toute nature sur la production, le commerce et la consommation en France et à l'étranger des produits de l'agriculture et de l'industrie agricole, ainsi que des matières nécessaires pour assurer leur production et leur conservation.
Recherche, centralisation et dépouillement des renseignements périodiques sur la situation culturale en France et à l'étranger, sur la production des diverses régions, sur l'évaluation des besoins de la consommation, des disponibilités existantes et de leurs variations au cours de l'année. — Détermination des courants commerciaux. — Évaluation de la production et des besoins de l'agriculture en ce qui concerne les matières nécessaires à l'exploitation du sol et à la conservation de ses produits.
Recherche, centralisation et publication des mercuriales générales et spéciales des produits agricoles.
Recherche, centralisation et publication des cours des produits de l'agriculture et de l'industrie agricole, ainsi que des matières nécessaires à l'exploitation du sol et à la conservation de ses produits sur les lieux de production et à la consommation.
Recherche, centralisation et publication des stocks visibles et invisibles dans les entrepôts, le commerce et chez le producteur des produits de l'agriculture et de l'industrie agricole, ainsi que des matières nécessaires à l'exploitation du sol et à la conservation de ses produits.
Centralisation et dépouillement des enquêtes, monographies, statistique agricole annuelle, statistiques agricoles spéciales périodiques ou non périodiques, statistiques des groupements agricoles de toute nature.
Comité exécutif de statistique agricole. — Commissions communales et commissions cantonales de statistique agricole. — Correspondants de l'office de renseignements agricoles. — Conseillers d'agriculture de la France dans les colonies françaises et à l'étranger.

3e Section. — *Affaires économiques.*

M. Grivot, *agent technique.*

Interprétation des enquêtes et des statistiques agricoles de toute nature.
Préparation des dossiers des affaires économiques. — Préparation des instructions au personnel des services extérieurs pour l'établissement des enquêtes et statistiques et directives à leur donner pour assurer l'action économique à exercer par l'administration de l'agriculture. — Prix de revient.
Étude des améliorations à apporter dans la technique de l'élevage et de l'exploitation du sol. — Modes divers d'exploitation du sol (faire valoir direct, fermage, métayage, etc.).
Commercialisation de la vente des produits agricoles, étude des améliorations à apporter dans les conditions de production et de vente des produits de l'agriculture et de l'industrie agricole. — Contrats de production et de vente. — Mesures à prendre pour favoriser l'amélioration des procédés concernant la récolte, l'emmagasinage, la conservation et le transport des produits agricoles, et notamment des denrées périssables, installations frigorifiques, silos, élévateurs séchage, etc. — Mesures à prendre pour améliorer et faciliter le classement, le triage, le marquage, la présentation et l'emballage des produits agricoles.
Étude des améliorations à apporter aux industries de transformation des produits agricoles. —
Étude au point de vue technique des demandes d'avances formulées par les sociétés coopératives agricoles.
Mesures à prendre pour favoriser et régulariser la vente des produits agricoles et en particulier l'approvisionnement des halles et marchés. — Débouchés, améliorations à apporter aux conditions, tarifs de transports des produits agricoles. — Questions économiques relatives aux importations et exportations.
Législation concernant la vente des produits agricoles, factorat, vente à la criée et à l'amiable sur échantillons, etc. — Réglementation des halles et marchés, foires, boucheries, boulangeries. — Questions administratives concernant l'établissement des foires, marchés, abattoirs, etc.
Améliorations à apporter dans la détermination et la publication des cours et des stocks des produits de l'agriculture et de l'industrie agricole, ainsi que des matières nécessaires à l'exploitation du sol et de la conservation de ses produits.
Travail et travailleurs agricoles. — Conditions du travail, conditions d'existence, recrutement, émigration vers les villes, ouvriers étrangers.

---

## DIRECTION GÉNÉRALE DES EAUX ET FORÊTS.

*Rue de Varenne, 80, Paris* (VIIe).

(A laquelle est attaché le service de l'hydraulique et des améliorations agricoles.)

M. Dabat (C✻, I), conseiller d'État, *directeur général.*

1re Partie. — FORÊTS.

M. Antoni O✻ (A), conservateur, *avec le titre de sous-directeur.*

*Personnel extérieur des eaux et forêts.*

M. Dusautoy (I), inspecteur, *chef de section.*

Nomination des agents et préposés des eaux et forêts : mutations, intérims, congés, retraites, missions. — Bonification des retraites des préposés communaux et contribution de l'État à leur traitement. — Tableaux d'avancement. — Distinctions honorifiques. — Mesures disciplinaires. — Création et suppression d'emplois ; changements dans les circonscriptions. — Admission aux emplois de préposés des candidats civils et militaires. — Secours. — Indemnités. — Frais de bureau. — Circulation à tarif réduit sur les voies ferrées.

Chasseurs forestiers. — Organisation militaire. — Mobilisation. — Hospitalisation.

Écoles forestières (*Personnel. — Examens. — Bourses*).

1er BUREAU. — *Contentieux, acquisitions, enseignement forestier, matériel des eaux et forêts, police de la chasse.*

M. Madelin (IA), conservateur, *chargé du bureau.*

1re Section. — *Contentieux. Acquisitions.*

M. Madelin (IA), conservateur.

*Contentieux civil et correctionnel.* — Questions de propriété, de servitude, d'usage et d'affectation. — Cantonnements et rachats. — Échanges et partages. — Instances administratives et judiciaires. — Instances correctionnelles. — Appels. — Pourvois en cassation et au Conseil d'état. — Remises et modérations de condamnations ; cessation de poursuites, abandon de procès-verbaux, transactions.

Incendies dans les forêts ; indemnités et gratifications.

Dépaissance des bêtes à laine et tolérances dans les forêts domaniales.

Acquisitions de terrains boisés ou à reboiser, amiables ou par voie d'expropriation. — Préparation des contrats et liquidation.

2e Section. — *Enseignement forestier. Matériel des forêts. Police de la chasse.*

M. Lilette (IA), inspecteur, *chef de section.*

Écoles forestières : matériel et travaux d'entretien.

*Matériel forestier.* — Marteaux, étuis, plaques. — Habillement, équipement et armement des chasseurs forestiers. — Masse d'entretien. — Bibliothèques forestières.

Demandes de matériel, de fournitures de bureaux, d'imprimés spéciaux. — Transports.

Préparation du budget. — Comptabilité.

Police de la chasse et destruction des animaux nuisibles. — Examen des arrêtés préfectoraux. — Délivrance des permis de transport du gibier vivant pendant la clôture de la chasse. — Louveterie. — Primes pour la destruction des loups. — Répression du braconnage.

2e BUREAU. — *Aménagements et gestion.*

M. Antoni O✻ (IA), conservateur, *avec le titre de sous-directeur, chargé du bureau* (d. n.).

1re Section. — *Aménagement, exploitation au compte de l'État.*

M. Arnould ✻ (IA), inspecteur, *chef de section.*

Plans de campagne annuels pour études d'aménagement. — Indemnités afférentes aux opérations d'aménagement.

Aménagements domaniaux et communaux. — Règlements et plans spéciaux d'exploitation. — Revision périodique. — Contrôle des aménagements. — Application sur le terrain. — Opérations géodésiques.

États d'assiette. — Coupes d'amélioration. — Produits accidentels : chablis, bois morts et dépérissants, arbres mitoyens. — Recépages, élagages et essartements. — Séries artistiques. — Protection des arbres remarquables. — Délimitation et bornages.

Délivrance de bois à la Marine, à la Guerre et autres services publics. — Délivrance de bois de chauffage aux préposés.

Travaux de régénération, de démasclage et de mise en valeur des forêts de chêne-liège. — Abatage et façonnage de bois au compte de l'État.

Questions économiques. — Importations, exportations, mercuriales, régime douanier. — Industries utilisant le bois et les produits divers des forêts.

Statistique. — Recherches et expériences scientifiques. — Météorologie forestière.

2e Section. — *Régime forestier. Ventes. Locations. Concessions.*

M. Théron (IA), inspecteur, *chef de section.*

Régime forestier domanial. — Affectations aux divers services publics. (*Champs de tir, de manœuvre, etc., etc.*).

Régime forestier communal et des établissements publics. — Soumission et distraction. — Défrichements et aliénations.

Coupes extraordinaires.

Vente des coupes et des produits de toute nature dans les forêts soumises au régime forestier. — Cahier des charges générales. — Cahier des clauses spéciales. — Interprétation des clauses de toute nature relatives aux ventes. — Demandes en annulation ou en réduction de prix, surmesures ou déficit de mesures. — Recomptage et vérification des réserves. — Lieux et publicité des ventes. — Mises en charge sur les coupes.

Concessions et locations de terrains, carrières, mines, minières, résines, écorces, liège, menus produits.

Amodiation du droit de chasse dans les forêts de l'État. — Cahier des charges, cession de baux. — Location de la pêche dans l'intérieur des forêts. — Chasses réservées. — Entretien et exploitation.

Règlement des frais d'administration des bois des communes et des établissements publics.

Constatation de tous les produits principaux, accidentels et accessoires, vendus ou cédés à prix d'argent. — Comptes partiels et définitifs des budgets des recettes.

Exercice de la dépaissance dans les bois communaux et d'établissements publics et autres tolérances dans ces bois.

3e BUREAU. — *Reboisement.* — *Défrichement.* — *Travaux.*

M. Leddet ✻ (I), conservateur, *chargé du bureau.*

1re Section. — *Reboisement. Défrichement.*

M. Servais, inspecteur, *chef de section.*

Pépinières et sécheries affectées aux travaux de reboisement. — Récoltes, achat et essai de graines. — Délivrance de plants ou de graines à prix d'argent.

Établissement des périmètres d'utilité publique de restauration. — Délimitation et bornage de ces périmètres.

Travaux et dépenses de toute nature. — Subventions en nature, en argent et en travaux.

Examen de l'utilité et de la convenance des acquisitions de terrains au point de vue de la restauration et de la conservation des terrains en montagne.

Défrichement des bois des particuliers.

2e Section. — *Amélioration et entretien des forêts et des dunes.*

M. Leddet ✻ (I), conservateur (d. n.).

Routes forestières. — Ponts. — Maisons. — Scieries et bâtiments divers : construction, amélioration et entretien.

Subventions pour la construction et l'amélioration de voies et routes intéressant le domaine forestier de l'État.

Assainissements, curages. — Clôtures.

Travaux de repeuplement. — Pépinières. — Achats de graines et de plants. — Dégagements de semis. — Nettoiements. — Émondages.

Dunes : Fixation et mise en valeur.

Travaux de défense et mesures de protection contre les incendies.

Acquisitions de terrains en vue de l'amélioration des forêts domaniales.

Expositions forestières. — Concours régionaux. — Récompenses.

Remise à l'administration des domaines d'immeubles et de matériaux sans emploi.

Tableau général des propriétés de l'État, revisions annuelles.

AMÉLIORATIONS PASTORALES, PÊCHE ET PISCICULTURE

M. Cardot ✻ (I), conservateur, *chargé du service*

Établissement des périmètres d'utilité publique de mise en défens. — Indemnités pour privation de jouissance. — Réglementation des pâturages communaux.

Mise en valeur, aménagement et amélioration des pâturages communaux dans les régions pastorales ou forestières. — Réglementation des pâturages communaux et mise en défens. — Aménagement et utilisation agricole des eaux dans les régions pastorales et forestières. — Chemins pastoraux. — Création et entretien de fruitières dans les pâturages de montagne.

Pêche. — Amodiation. — Cahier des charges. — Indemnités réclamées par les fermiers réduction de prix ou résiliation de baux. — Examen des arrêtés préfectoraux.

Pisciculture. — Création et entretien d'établissements de pisciculture.

Subventions aux départements, aux communes, aux associations et aux particuliers.

Encouragement aux sociétés de pêcheurs à la ligne.

---

## 2e Partie. — EAUX ET AMÉLIORATIONS AGRICOLES

1er BUREAU. — *Police des eaux.*

M. Thibault O✻ (I), *chef de bureau avec le titre de sous-directeur.*

M. Pourian (I), *sous-chef de bureau.*

Police et entretien des cours d'eau non navigables ni flottables. — Dérivations en vue de l'alimentation des villes, des gares de chemin de fer, des canaux de navigation, etc. — Curages. — Mesures de protection contre la pollution des cours d'eau non navigables et des nappes souterraines. — Suppression des étangs insalubres. — Partages d'eau entre l'agriculture et l'industrie.

Dessèchements. — Assainissements. — Colmatages. — Marais salants. — Travaux de défense contre la mer et les cours d'eau non navigables.

Subventions aux entreprises ci-dessus indiquées.

Captage et utilisation des sources. — Commission de répartition des fonds du pari mutuel pour travaux communaux d'adduction d'eau potable (*art. 102 de la loi du 31 mars 1903*). — Examen des demandes et paiement des subventions. — Déclaration d'utilité publique des captages des sources des dérivations projetées par les communes.

2e BUREAU. — *Canaux d'irrigation et de submersion. Grandes forces hydrauliques.*

## M. Marignac ✱ (I), *chef de bureau.*

M. Heinrich (A), *sous-chef de bureau.*

1° Canaux d'irrigation et de submersion exécutés par l'État, les départements et les communes des compagnies concessionnaires ou des associations syndicales.

Prises d'eau d'irrigation dans les cours d'eau et canaux du domaine public.

Service des grandes forces hydrauliques. — Recherches et aménagements en réservoirs des lacs dans la haute montagne.

Étude des eaux souterraines et inventaires des ressources aquifères du sous-sol. — Observations nivométriques. — Études et repérage des glaciers.

2° Préparation du budget. — Ouverture et répartition des crédits. — Comptabilité.

3° Personnel des services extérieurs de l'hydraulique agricole. — Commission consultative de l'hydraulique agricole. — Commissions. — Propositions au ministre pour les distinctions honorifiques. — Examen des demandes de souscriptions aux ouvrages intéressant le service.

3e BUREAU. — *Améliorations agricoles.*

## M. Launay (I), *chef de bureau.*

Améliorations agricoles permanentes diverses. — Mise en valeur des terrains incultes. — Drainage. — Remembrements. — Chemins ruraux et chemins d'exploitation. — Câbles porteurs agricoles. — Alimentation en eau des agglomérations rurales et des exploitations agricoles. — Constructions rurales. — Petites industries rurales. — Établissement des plans et devis pour les associations agricoles et les cultivateurs.

Étude des projets d'installation des sociétés coopératives agricoles (laiteries, beurreries, fruitières, caves, huileries, etc.).

Subventions et autres mesures destinées à faciliter et à encourager la création des associations agricoles et des groupements ayant pour objet les améliorations énumérées ci-dessus.

Comité d'études scientifiques.

Personnel des services extérieurs des améliorations agricoles.

Législation et contentieux.

ÉTUDES TECHNIQUES DE L'HYDRAULIQUE AGRICOLE ET SECRÉTARIAT DES COMMISSIONS CONSULTATIVES.

## M. N..., *chef.*

M. Lévy ✱ (A), ingénieur des constructions civiles, *adjoint au chef.*

I. Secrétariats de la commission de l'hydraulique et des améliorations agricoles. — Examen techniques des affaires non soumises aux commissions consultatives. — Vérification des décomptes de travaux produits à l'appui des demandes de paiement de subventions sur les fonds de l'hydraulique agricole. — Études techniques relatives aux projets de loi, circulaires etc..., préparés par la direction et concernant le service hydraulique.

II. Applications de l'hydrologie à l'utilisation agricole et industrielle des eaux ne faisant pas partie du domaine public. — Études techniques d'ordre général, relatives à l'aménagement et à l'utilisation des cours d'eau. — Examen des arrêtés préfectoraux de réglementation des barrages et des procès-verbaux de récolement. — Analyse des comptes rendus de la marche du service et des comptes moraux. — Statistique. — Cartes. — Plans. — Graphiques et dessins. — Rédaction des annales de la direction.

III. Examen des projets d'adduction d'eau potable ou subventionnés sur les fonds du pari mutuel. — Vérification des décomptes produits à l'appui des demandes de paiement de subventions accordées pour ces travaux.

---

## DIRECTION DES HARAS.

M. DE PARDIEU (C ✻, ✿ A), inspecteur général, *directeur.*

1er BUREAU. — *Administration des établissements et personnel extérieur des haras.*

M. Leroy (O ✻, ✿ I), *chef de bureau, avec le titre de sous-directeur.*

M. Bénévent (✿ A), *sous-chef.*

Personnel des fonctionnaires et sous-agents des haras. — École des haras. — Préparation du budget. — Adjudications et marchés. — Inspection générale.

2e BUREAU. — *Remonte des haras. — Encouragements à l'industrie chevaline. Études techniques. — Législation et règlements sur les courses de chevaux.*

(Le personnel des études techniques est placé sous les ordres immédiats du directeur.)

M. Bruneton (✻, ✿ A), directeur de dépôt d'étalons, chargé du bureau.

M. de la Chapelle (✿ A), *sous-chef.*

Achats d'étalons. — Réformes. — Monte. — Concours. — Stud-book.

---

## DIRECTION DES SERVICES SANITAIRES ET SCIENTIFIQUES ET DE LA RÉPRESSION DES FRAUDES.

*Rue de Bourgogne, 42 bis.*

M. Roux (C ✻, ✿ I), *directeur.*

M. Toubeau, *adjoint au directeur, chef du service de la répression des fraudes.*

1er BUREAU. — *Enseignement vétérinaire et services sanitaires des animaux domestiques.*

M. Morellet (✿ I), *chef de bureau.*

M. Guillebeau, *sous-chef.*

Inspection générale des écoles vétérinaires. — Organisation, personnel et administration des écoles vétérinaires. — Conseil de perfectionnement des écoles vétérinaires. — Comité consultatif des épizooties. — Exercice de la médecine vétérinaire. — Législation et police sanitaire sur les maladies contagieuses du bétail. — Service des épizooties. — Contrôle des renseignements transmis par les préfets. — Rédaction et publication du *Bulletin sanitaire* mensuel. — Inspection générale des services sanitaires des animaux à la frontière. — Inspection sanitaire du bétail importé et des viandes fraîches abattues venant de l'étranger. — Inspection générale des services sanitaires vétérinaires départementaux. — Examen des demandes et liquidation des indemnités pour abatage d'animaux et saisies de viandes provenant d'animaux tuberculeux.

2e BUREAU. — *Laboratoires et stations de recherches scientifiques et répression des fraudes.*

(Ce bureau est dirigé par le directeur.)

a) *Législation.* — Étude des propositions de loi et préparation des projets de loi et décrets concernant la répression des fraudes sur les boissons, les denrées alimentaires, les produits agricoles, les engrais, les semences, les produits médicamenteux et hygiéniques, les eaux minérales et les marchandises en général.

Législation comparée.

Application des lois et règlements concernant la répression des fraudes en général, l'exercice de la pharmacie, la vente des substances vénéneuses, la fabrication et la vente des eaux minérales.

Examen des conditions de participation des municipalités et des syndicats à la répression des fraudes.

M. Nuss (O ✿), inspecteur divisionnaire principal de la répression des fraudes.

b) *Répression des fraudes.* — Organisation et fonctionnement de l'inspection de la répression des fraudes.

Renseignements statistiques et techniques. — Enquêtes annuelles sur la composition des vins, des laits, des beurres, etc.

Examen du cahier des charges et fournitures de denrées alimentaires et boissons aux administrations publiques. — Renseignements au public.

M. Fouquet (O ✿), inspecteur divisionnaire principal de la répression des fraudes.

c) *Laboratoires.* — Organisation, personnel et administration des stations et laboratoires agronomiques, viticoles, œnologiques, pomologiques, cidricoles, oléicoles, phytopathologiques, entomologiques, de physique végétale, physiologiques, séricicoles, d'essais de semences.

Laboratoires et stations de recherches annexés aux établissements d'enseignement agricole. — Chaires de chimie agricole dans les facultés des sciences. — Laboratoires agréés pour la répression des fraudes. — Experts accrédités auprès de ces laboratoires.

Organisation et fonctionnement du service de délivrance des certificats de pureté d'origine aux produits destinés à l'exportation. — Inspection phytopathologique, contrôle des graines de vers à soie. — Surveillance des semences fourragères présentées à l'importation. — Autorisation d'importation des produits horticoles et viticoles.

Examen des procédés de destruction des insectes et cryptogames parasites nuisibles à l'agriculture. — Commission supérieure du phylloxéra.

Organisation et fonctionnement de l'inspection des pharmacies, drogueries, épiceries, établissements de vente de produits hygiéniques, des eaux minérales naturelles et artificielles, des substances vénéneuses.

Personnel et contrôle de l'inspection des fabriques de margarine et d'oléomargarine.

---

## SERVICE DU CRÉDIT, DE LA COOPÉRATION ET DE LA MUTUALITÉ AGRICOLES.

M. Tardy (✱, ✿I), inspecteur général du crédit et des associations agricoles subventionnées, délégué dans les fonctions de chef de service.

1re Section. — a) *Crédit mutuel.*

M. Aaron (✿I), *chef de bureau.*

Exécution de la loi du 5 novembre 1894, modifiée par la loi du 20 juillet 1901 et celle du 14 janvier 1907, relative à la création des sociétés de crédit agricole. — Exécution de la loi du 31 mars 1899, modifiée par la loi du 25 décembre 1900, relative à l'institution des caisses régionales de crédit agricole mutuel et aux encouragements à leur donner ainsi qu'aux sociétés et aux banques locales de crédit agricole mutuel. — Propagande en faveur de la création des sociétés locales et des caisses régionales de crédit agricole mutuel.

Commission de répartition des avances aux caisses régionales de crédit agricole mutuel. — Nomination, secrétariat, préparation et présentation des dossiers. — Exécution des décisions de la commission, allocation des avances de l'État. — Législation, statistique des institutions de crédit agricole. — Centralisation des états et renseignements périodiques fournis par les caisses régionales.

Rapport annuel au Président de la République. — Enquête permanente sur le crédit agricole en France et à l'étranger. — Application de la loi du 30 avril 1906 sur les warrants agricoles. — Inspection de la comptabilité des caisses régionales et contrôle de leur gestion. — Exécution des décrets des 14 avril 1905 et juin 1911.

b) *Encouragements à la petite propriété rurale.*

Exécution de la loi du 19 mars 1910 instituant le crédit à long terme destiné à favoriser l'acquisition, l'aménagement, la transformation et la reconstitution des petites exploitations rurales. — Exécution des décrets des 26 mars et 31 mars 1910. — Instruction des demandes d'avances spéciales. — Examen et préparation des dossiers en vue de leur présentation à la commission de répartition.

Enquête permanente sur les mesures propres à faciliter l'accroissement de la petite propriété rurale, tant en France qu'à l'étranger. — Application de la loi du 10 juillet 1909 sur le bien de famille insaisissable.

2e Section. — *Coopération agricole.*

M. Castelbon (✿A), *sous-chef de bureau, chargé de la section.*

Exécution de la loi du 29 décembre 1906 autorisant des avances aux sociétés coopératives agricoles. — Exécution du règlement d'administration publique du 26 août 1907 pour l'application de ladite loi. — Encouragements à la création et au développement des sociétés coopératives agricoles. — Instruction des demandes d'avances. — Examen et préparation des dossiers en vue de leur présentation à la commission de répartition des avances de l'État.

Législation et statistique des coopératives agricoles. — Recherche et centralisation des renseignements sur le développement des sociétés coopératives agricoles.

Inspection de la comptabilité des caisses régionales et des coopératives agricoles. — Contrôle de leur gestion.

Syndicats agricoles. — Législation et statistiques.

3e Section. — *Assurances mutuelles agricoles.*

M. Kirch (✿A), *sous-chef, chargé de la section.*

Assurances agricoles. — Législation relative à la constitution de sociétés d'assurances mutuelles agricoles. — Réassurance. — Subvention aux sociétés d'assurances et de réassurance agricoles.

---

### COMMISSARIATS A L'AGRICULTURE

Culture des céréales et viticulture dans la métropole, 6, cité Vaneau, Paris (VIIe).

M. Compère-Morel, député du Gard, *commissaire.*

Élevage, laiterie et production des fruits, légumes, tubercules, racines et fourrages dans la métropole, 78, rue de Varenne, Paris (VIIe).

M. Le Rouzic ✻, député du Morbihan, *commissaire.*

Productions agricoles de l'Afrique du Nord et des colonies, 4, cité Vaneau, Paris (VIIe).

M. Cosnier, député de l'Indre, *commissaire général.*

---

## Services annexes du Ministère de l'Agriculture.

### DIRECTION DU PERSONNEL MILITAIRE.

78, rue de Varenne, Paris (VIIe).

M. Palliez, sous-intendant militaire, chef adjoint du cabinet du ministre de l'Agriculture et du Ravitaillement, *directeur.*

---

### SERVICE DE LA MAIN-D'ŒUVRE AGRICOLE.

19, rue de Varenne, Paris (VIIe).

M. Brancher ✻, *chef de service.*

---

### SERVICE DE LA MOTOCULTURE.

63 *bis*, rue de Varenne, Paris (VIIe)

M. le capitaine Goudard, *chef de service.*

---

### SERVICE DU MATÉRIEL AGRICOLE ET SECTIONS DES ESSENCES, PÉTROLES ET HUILES DE GRAISSAGE.

78, rue de Varenne, Paris (VIIe).

M. Lesage O✻, inspecteur général de l'agriculture, *chef de service* (d. n.).

---

### OFFICE CENTRAL DES PRODUITS CHIMIQUES AGRICOLES.

42 *bis*, rue de Bourgogne, Paris (VIIe).

M. Roux O✻, directeur des services sanitaires et scientifiques et de la répression des fraudes, *chef de service* (d. n.).

---

### SERVICE DES JARDINS POTAGERS CIVILS ET MILITAIRES.

223, boulevard Saint-Germain, Paris (VIIe).

M. Ducrocq, adjoint à l'intendance, *chef de service.*

---

### SERVICE DE LA COOPÉRATION DE LA JEUNESSE SCOLAIRE.

51, rue Cambon, Paris (Ier).

M. Lemaresquier, officier d'administration du génie, *chef de service.*

---

### Service annexe rattaché à la Direction des services sanitaires et scientifiques et de la répression des fraudes.

LABORATOIRE CENTRAL.

*42 bis*, rue de Bourgogne, Paris (VII^e).

LABORATOIRE DE RECHERCHES DE LA COMMISSION TECHNIQUE PERMANENTE ET LABORATOIRE D'ANALYSE DES ÉCHANTILLONS PRÉLEVÉS DANS LA RÉGION DE PARIS.

MM. Bruno (✿ A), *inspecteur général des laboratoires.*
Filaudeau (✿ A), *directeur du laboratoire.*
Bonis ✿, *chimiste principal.*
Vitoux, *chimiste principal.*

---

## II. — SERVICES DU RAVITAILLEMENT

SOUS-SECRÉTARIAT D'ÉTAT DU RAVITAILLEMENT.

*121 et 123, avenue des Champs-Élysées (VIII^e).*

M. VILGRAIN, *sous-secrétaire d'État.*

CABINET DU SOUS-SECRÉTAIRE D'ÉTAT.

M. Pichon, *chef de cabinet.*
M. Pinot, *chef adjoint.*
M. Atger, *chef adjoint.*
M. Maire, *chef du secrétariat particulier.*
M. Talbot, *attaché au cabinet.*
M. Gosselin, *chef de bureau du cabinet.*

---

SERVICES ADMINISTRATIFS DU CABINET.

Enregistrement et répartition du courrier. — Préparation de la signature du ministre et du sous-secrétaire d'État. — Transmission des projets de loi et décrets au Président de la République, au Sénat et à la Chambre des Députés. — Enregistrement et conservation des décrets et arrêtés, ampliations. — Insertions au *Journal officiel* et au *Bulletin des Lois*. — Distinctions honorifiques françaises ou étrangères. — Préparation des audiences du sous-secrétaire d'État. — Affaires réservées.

---

CONTRÔLE DES DÉPENSES ENGAGÉES.

M. De la Croix, inspecteur des finances, *contrôleur des dépenses engagées.*

---

SERVICES ADMINISTRATIFS, ÉCONOMIQUES ET FINANCIERS.

M. Chapsal, *directeur du ravitaillement, chargé des services A. E. F.*
M. Pichon, *adjoint au directeur.*
M. Armand, *secrétaire de la Direction.*

Statistiques (production, importation, consommation, cours des denrées). Législations étrangères, documentation générale. Publication des documents officiels relatifs au ravitaillement. — Études économiques diverses. Mesures à envisager pour la fin de la guerre et pour l'après-guerre en ce qui concerne le ravitaillement. — Questions relatives au blocus. Prohibition d'importation et d'exportation et dérogations. — Études législatives, préparation des projets de loi, décrets, arrêtés, règlements, documents à soumettre aux commissions parlementaires, secrétariat administratif des divers comités consultatifs établis auprès du sous-secrétariat d'État. — Économies. Mesures de restrictions volontaires et obligatoires. Contrôle de l'application de ces mesures. — Physiologie en ce qui touche les questions d'alimentation. — Ravitaillement des régions récupérées. Rapports avec les chambres de commerce dotées pour ce ravitaillement. Prisonniers de guerre. — Contentieux, répression de la spéculation et des manœuvres d'accaparement en matière de ravitaillement.

### *Service financier.*

M. MACHART, *chef du service.*
M. Duème, *chef adjoint.*

Préparation du budget. — Ordonnancement. — Caisse. — Comptabilité budgétaire. — Comptabilité du compte spécial. — Compte définitif des dépenses. — Matériel (mobilier de l'hôtel et des bureaux, fournitures de bureau, chauffage, éclairage, lingerie). — Assurances maritimes, terrestres ou autres. — Inspection et contrôle financier à l'extérieur.

### *Service des études et informations.*

M. Lefort, *chargé de la direction du service.*

Rapports avec la presse.

### *Service de la carte d'alimentation.*

(*Salle du Jeu de Paume aux Tuileries*) (Ier)

M. SERVAT, *chef du service.*

---

## SERVICES TECHNIQUES ET DES FABRICATIONS.

*26, rue de Bassano* (XVIe).

M. FOUCAUD, intendant général, *directeur.*
M. Gal, intendant militaire, *adjoint.*

### *Sous-direction des subsistances militaires.*

(Y compris la section du ravitaillement).

*Ministère de la Guerre.*

M. MACAIRE, sous-intendant militaire.

### *Inspection technique des subsistances.*

Comprenant : *a*) Section des fabrications ; *b*) Section de l'outillage mécanique ; *c*) Section de l'organisation du travail ; *d*) section des succédanés.

*Bureaux : 58, rue de Babylone* (VIIe).

M. LAURENS, intendant militaire.

### *Inspection générale du ravitaillement* (*Service central et Missions*).

*88, rue de Grenelle* (VIIe).

M. BURGUET, intendant général.
M. CAVAILLON, intendant général. } *Missions.*
M. VANNETELLE, intendant général.
M. Victor, sous-intendant militaire.

### *Sous-direction des essences et combustibles.*

*86, rue de Grenelle* (VIIe).

M. DIVE, sous-intendant.

### *Service des transports terrestres.*

*26, rue de Bassano* (XVIe).

M. CORNU (Henri), lieutenant.

*Service du personnel.*

*121, avenue des Champs-Élysées (VIII^e).*

M. Gouin, sous-intendant.
M. de Porquier de Lagarrigue, adjoint à l'intendance.

---

DIRECTION DES CÉRÉALES ET DES IMPORTATIONS.

*Bureaux : 26, rue de Bassano (XVI^e).*

M. May ✱, officier d'administration, *directeur*.
M. Dupont (Georges) ✱, *adjoint*.
M. Vandal, capitaine.
M. Ziegler, *secrétaire de la Direction*.

a) *Céréales exotiques :*
M. Wolff (René).

b) *Céréales indigènes :*
M. Dupont (Georges).

c) *Contrôle des moulins et boulangeries* (Biscuiteries. Dérogations) :
M. Cornu (René), officier d'administration.

d) *Transports maritimes :*
M. Chaber.

e) *Transit et cabotage :*
M. Delagne (Victor).

---

DIRECTION DES VIVRES.

*Bureaux : 26, rue de Bassano (XVI^e).*

M. Rabel, capitaine, *directeur*.

a) *Ravitaillement civil, coopératives ;*
b) *Coopératives d'armes et centre de denrées d'ordinaire ;*
c) *Légumes secs, riz, pâtes.*
M. Communal, sous-intendant.

d) *Viandes et graisses, lait, beurre, fromage* (*Bureaux : 83, rue de Grenelle* [*VII^e*]) :
M. Sigman, sous-intendant.

e) *Pommes de terre et fourrages* (*Bureaux : 88, rue de Grenelle* [*VII^e*]) :
M. Vernay (Michel), sous-intendant.

f) *Sucre, saccharine, café, chocolat :*
M. Noel.

g) *Liquides* (*vins, cidre, bières*) :
M. Lalou, adjoint à l'intendance.

---

SERVICES DES COLONIES ET DES RÉGIONS ENVAHIES.

*Bureaux : 26, rue de Bassano [XVI^e].*

M. Deyron, attaché d'intendance de 2^e classe, *directeur*.
M. Depallier, capitaine, *directeur adjoint*.

a) *Algérie et Tunisie :*
M. Depallier, capitaine, *chef de service*.

b) *Maroc :*
M. Depallier, capitaine.

c) *Colonies* :

M. Lachaud, *chef de service* :

d) *Régions occupées par l'ennemi.*

M. Carlier.

---

### CONTRÔLE DES STOCKS DE CÉRÉALES.

*55, rue de Bellechasse (VII^e).*

M. Meray, intendant général.

---

## CONSEILS SUPÉRIEURS ET COMMISSIONS PERMANENTES

---

### CONSEIL SUPÉRIEUR DE L'AGRICULTURE (1).

*Bureau*. MM.

*Le Ministre de l'agriculture, *président*.
*M. Méline, sénateur, *vice-président*.
*M. Viger, sénateur, *idem*.
*M. Lesage O ✻, chef de l'office de renseignements agricoles, *secrétaire*.

*Membres de droit*. MM.

PARLEMENT :

Les anciens Ministres de l'agriculture :

*Méline, sénateur, rue de Commaille, 4, à Paris (VII^e).
*Gomot, sénateur, rue des Saints-Pères, 10, à Paris (VII^e).
*Develle, sénateur, rue du Faubourg-Saint-Honoré, 131, à Paris (VIII^e).
*Viger ✻, sénateur, rue des Saints-Pères, 55, à Paris (VII^e).
*Dupuy (Jean), sénateur, rue d'Enghien, 18, à Paris (X^e).
*Mougeot (Léon), sénateur, rue Ballu, 36, à Paris (IX^e).
*Ruau (Joseph), ancien député, avenue de Breteuil, 52, à Paris (VII^e).
*Raynaud (Maurice), député, rue Pasquier, 2, à Paris (VIII^e).
*Pams, sénateur, avenue Henri-Martin, 85, à Paris (XVI^e).
*David (Fernand), député, rue du Cloître-Notre-Dame, 8, à Paris (IV^e).
*Clémentel, député, boulevard de la Reine, 99, à Versailles (Seine-et-Oise).
Dariac (Adrien), député, avenue Rapp, 29, à Paris (VII^e).
*Le président de la commission des finances du Sénat.
*Le président de la commission du budget de la Chambre des députés.
*Le président de la commission de l'agriculture du Sénat.
*Le président de la commission des douanes du Sénat.
*Le président de la commission de l'agriculture de la Chambre des députés.
*Le président de la commission des douanes de la Chambre des députés.
*Le rapporteur du budget du ministère de l'agriculture au Sénat.
*Le rapporteur du budget du ministère de l'agriculture à la Chambre des députés.

---

(1) Les noms des membres qui font partie de la *Commission permanente du Conseil supérieur de l'agriculture* sont marqués d'un astérisque *.

MINISTÈRES :

*Le directeur général des eaux et forêts au ministère de l'agriculture.
*Le directeur de l'agriculture.
*Le directeur des haras.
Le directeur des services sanitaires et de la répression des fraudes.
*Le chef du service du crédit, de la coopération et de la mutualité agricoles.
*Le chef de l'office des renseignements agricoles.
*Les inspecteurs généraux de l'agriculture.
*Les inspecteurs généraux de la viticulture.
*Le directeur général des douanes.
*Le directeur général des contributions directes.
*Le directeur général des contributions indirectes.
*Le directeur des affaires commerciales et industrielles au ministère du commerce, de l'industrie, des postes et des télégraphes.
*Le directeur de l'office du commerce extérieur, *idem*.
*Le directeur des affaires politiques et commerciales au ministère des affaires étrangères.
*Le directeur des chemins de fer au ministère des travaux publics.
*Le directeur du contrôle commercial, *idem*.
*Le président de la section des travaux publics, de l'agriculture, etc. au Conseil d'État.

*Membres élus. MM.*

REPRÉSENTANTS DES CORPS CONSTITUÉS ET DES GROUPEMENTS AGRICOLES ÉLUS PAR LEURS COLLÈGUES ET PRIS PARMI EUX :

Muntz (Eugène), membre de l'Académie des sciences.
Hitier, membre de la Société nationale d'agriculture.
Chatenay (Abel), secrétaire général de la Société nationale d'horticulture.
*Gervais (Prosper), membre de la Société des viticulteurs de France et d'ampélographie.
N..., membre de la Fédération nationale des syndicats horticoles de France.
Lindet, président de la Société d'encouragement pour l'industrie nationale.
Le comte Rœderer, membre de la Société d'encouragement pour l'amélioration des races de chevaux en France.
Poisson (Étienne), vice-président de la Fédération nationale de la mutualité et de la coopération agricoles, à Von, par Saint-Maur-sur-Indre (Cher).
Brancher (M.-F.-L.), premier secrétaire de la Société nationale pour la protection de la main-d'œuvre agricole.
N..., membre de l'Association de la Presse agricole.

REPRÉSENTANTS DES SERVICES EXTÉRIEURS DU MINISTÈRE DE L'AGRICULTURE ÉLUS PAR LEURS COLLÈGUES ET PRIS PARMI EUX :

N..., directeur des services agricoles.
Zolla (Daniel), professeur à l'école nationale d'agriculture de Grignon.
Ravaz, directeur de la station de recherches viticoles de Montpellier.
Desriot, directeur de l'école pratique d'agriculture de Gennetines (Allier).
Schribaux, directeur de la station d'essais de semences de Paris, représentant des établissements de recherches scientifiques agricoles, stations agronomiques et laboratoires agricoles.
Vallée, directeur de l'école nationale vétérinaire d'Alfort.
Leclainche, inspecteur général des services sanitaires vétérinaires.
Buré, inspecteur général de la répression des fraudes.

Vivier, conservateur des eaux et forêts, directeur de l'école nationale forestière de Nancy.
Lafosse, inspecteur général des eaux et forêts.
De Thelin, inspecteur général de l'hydraulique agricole.
Pélissier, inspecteur général des améliorations agricoles.
Tardy, inspecteur général du crédit et des associations agricoles subventionnées.

NOTABILITÉS DE LA PRATIQUE AGRICOLE :

*Membres nommés par décret. MM.*

*Augé, député, propriétaire-viticulteur, avenue Rapp, 30, à Paris (VII^e).
Berge (René), agriculteur à Saint-Maurice-d'Etelan (Seine-Inférieure).
Blanchard, directeur de la laiterie de Kermabon, par Gestel (Morbihan).
Bonduel, agriculteur, ancien président de la Société des agriculteurs du Nord, à Sainghin-en-Mélantois (Nord).
Bouzanguet, viticulteur à Vauvert (Gard), vice-président de la Société centrale d'agriculture du Gard.
Broussard, propriétaire-agriculteur à Baignes (Charente).
Caillault (Maurice), éleveur, membre du Conseil supérieur des haras, rue Saint-Florentin, 13, à Paris (I^er).
Caquet, conseiller général de la Nièvre, rue Houdon, 23, à Paris (XVIII^e).
Castel, viticulteur, conseiller général et maire, à Lésignan (Aude).
*Cazelles (Jean) [O ✻], secrétaire général adjoint de la Société des viticulteurs de France et d'ampélographie, boulevard Malesherbes, 131, à Paris (VIII^e).
Charonnat (Albert), meunier, à Puteaux (Seine).
Colas (Alphonse), agriculteur, à Saint-Benin-d'Azy (Nièvre).
Cormouls-Houlès, agriculteur, président du comice agricole de Mazamet (Tarn).
Cornet, sénateur, maire de Sens, président-fondateur du syndicat agricole de l'Yonne.
Cosnier, député, avenue de La Motte-Picquet, 47, à Paris (VII^e).
Courregelongue, sénateur, propriétaire à Bazac (Gironde).
Durand (Jean), député de l'Aude.
Egrot, constructeur, ancien président du syndicat des constructeurs de machines, rue Mathis, 23, à Paris (XIX^e).
Fagot, sénateur, rue Lagarde, 7, à Paris (V^e), et à la Haute-Maison (Ardennes).
Faucon, agriculteur, 16, rue Lagrange, à Paris (V^e), et à la Fauconnerie (Tunisie).
Garrigat, agriculteur, conseiller général de la Dordogne, à Bergerac.
Granel, viticulteur, adjoint au maire d'Aix (Bouches-du-Rhône).
Huot (Gustave), président de la Société des durhamistes français, à Saint-Léger (Aube).
Hutter aîné, propriétaire à Langlade (Gard).
De Kerveguen, vice-président du syndicat central des agriculteurs de France, avenue Marceau, 76, à Paris (XVI^e).
Laurent, président de la Société d'encouragement à l'agriculture de l'Hérault, à Montpellier.
Lefebvre-Albaret, constructeur de machines agricoles, à Rantigny-Liancourt (Oise).
*Le Rouzic, député, avenue Émile-Zola, 143, Paris (XV^e).

*Lhotelain, président honoraire du comice agricole de l'arrondissement de Reims, faubourg Cérès, 37, à Reims.
Lormier, président du syndicat agricole et de la Société centrale d'agriculture de la Seine-Inférieure.
*Loubet (Émile), ancien Président de la République, rue Dante, 5, à Paris (Ve).
Macarez-Fauville, président de la Société des agriculteurs du Nord, à Haulchin (Nord).
Maquenne, de l'Institut, professeur au Muséum d'histoire naturelle.
Marraud, propriétaire, conseiller général de Lot-et-Garonne, boulevard Saint-Germain, 104, à Paris (Ve).
Maugère, président de la Société d'agriculture d'Ille-et-Vilaine, à Rennes.
Moslard, agriculteur, conseiller général de l'Aube.
Ournac, sénateur, rue Herschel, 5, à Paris (VIe).
Pailloud (Henry), maire de Malaville (Charente).
*Pallain (Georges), gouverneur de la Banque de France, rue de la Vrillière, 3, à Paris (Ier).
Parry (Louis), éleveur, au Carrier, par Limoges.
Pauliat, sénateur, rue Saint-Georges, 6, à Paris (IXe).
Peillon, président de la Fédération des patrons maréchaux, rue Saint-Jacques, 328, à Paris (Ve).
Petit, agriculteur en Seine-et-Oise, rue Danton, 3, à Paris (VIe).
Peyronnet (Albert), sénateur, boulevard Péreire, 158, à Paris (XVIIe).
Peytral, sénateur, avenue d'Eylau, 24, à Paris (XVIe).
*Plissonnier, député, rue Saint-Simon, 15, à Paris (VIIe).
Pluchet (Émile), agriculteur-éleveur, à Roye (Somme).
*Potié, sénateur, rue Richelieu, 95, à Paris (Ier), et à Haubourdin (Nord).
Prillieux, ancien sénateur, membre de l'Académie des sciences, rue Cambacérès, 14, à Paris (VIIIe).
*Remy, éleveur, président de la Société d'agriculture à Neuvillette (Oise).
Rieul-Paisant, avocat à la Cour d'appel.
Rouart, agriculteur, conseiller général de la Haute-Garonne, à Bagnols-de-Grenade.
Roux, de l'Académie des sciences, directeur de l'Institut Pasteur, rue Dutot, 25, à Paris (XVe).
*Sagnier, directeur du *Journal de l'Agriculture*, rue de Rennes, 106, à Paris (VIe).
Sagot, vice-président de la Société d'agriculture des Deux-Sèvres, à Échiré (Deux-Sèvres).
De Saint-Quentin, sénateur, rue de Magdebourg, 3, à Paris (XVIe).
Sarrien, sénateur, président de la Société d'agriculture de Charolles, avenue de l'Observatoire, 22, à Paris (VIe).
Schlœsing, de l'Académie des sciences, directeur de l'École d'application des manufactures de l'État, quai d'Orsay, 53, à Paris (VIIe).
Strauss, sénateur, avenue de Wagram, 76, à Paris (XVIIe).
De Terssac, agriculteur, château d'Anglas-Baliar, par Saint-Girons (Ariège).
Théry (Edmond), directeur de l'*Economiste européen*, rue Cernuschi, 20, à Paris (XVIIe).
Thomson, député, rue Ampère, 72, à Paris (XVIIe).
*Tisserand, membre de l'Académie des sciences, conseiller-maître honoraire à la Cour des comptes, directeur honoraire de l'agriculture, rue du Cirque, 17, à Paris (VIIIe).

*Vacher (Marcel), ancien député, maire de Montmarault (Allier), avenue de Breteuil, 82, à Paris (VII^e^).

Vermorel, sénateur, constructeur de machines agricoles, à Villefranche (Rhône).

Vidal, président de la Société d'horticulture d'Hyères (Var).

Vieville, agriculteur, président du syndicat des fabricants de sucre de France, à Chevresis-Montereau (Aisne).

Vigouroux, ancien député, publiciste agricole, rue de la Victoire, 64, à Paris (IX^e^).

Villault-Duchesnois, député, avenue de la Grande-Armée, 10 *bis*, Paris (XVII^e^).

*Vinet, sénateur, président du syndicat des agriculteurs d'Eure-et-Loir, rue Lamennais, 12, à Paris (VIII^e^).

*Secrétaires adjoints rapporteurs.*

*M. Moyen, sous-chef de bureau à l'office de renseignements agricoles — pour la Direction de l'enseignement et des services agricoles.

*M. Moussu, bibliothécaire-archiviste — pour la Direction du secrétariat, du personnel central et de la comptabilité.

*M. Arnould, inspecteur des eaux et forêts, chef de section au 2e bureau de la Direction générale des eaux et forêts.

*M. N... — pour la Direction des haras.

*M. Morellet, sous-chef de bureau — pour la Direction des services sanitaires et scientifiques et de la répression des fraudes.

*M. Jourdain, inspecteur du crédit, de la coopération et de la mutualité agricoles.

---

## Commission ressortissant à la Direction du Secrétariat, du Personnel central et de la comptabilité.

### COMMISSION DE RÉPARTITION DES FONDS PROVENANT DU PARI MUTUEL ET DESTINÉS AUX ŒUVRES DE BIENFAISANCE.

*Présidents.* MM.

Le Ministre de l'agriculture.

Le Ministre de l'intérieur.

N..., *vice-président.*

Carrier (O✻), ✻I, directeur du secrétariat, du personnel central et de la comptabilité, *secrétaire général.*

*Membres.* MM.

Barthou, député, avenue d'Antin, 7, à Paris (VIII^e^).

Bluzet ✻, inspecteur général, chef du service central de l'inspection général des services administratifs au Ministère de l'intérieur.

Bourgeois (Léon) [O✻], sénateur, rue Palatine, 15, à Paris (VI^e^).

Brisac, directeur de l'assistance et de l'hygiène publiques au Ministère de l'intérieur.

Clémentel, ancien ministre de l'agriculture, boulevard de la Reine, 99, à Versailles.

Corréard (O✻), chef du service de l'inspection générale au Ministère des finances.

Dariac, ancien ministre de l'agriculture, avenue Rapp, 29, à Paris (VII^e^).

David (Fernand), ancien ministre de l'agriculture, rue du Cloître-Notre-Dame, 8, à Paris (IV^e^).

Delatour (GO✻), conseiller d'État, directeur général de la Caisse des dépôts et consignations.

Develle (Jules), ancien ministre de l'agriculture, faubourg Saint-Honoré, 131, à Paris (VIII^e).
Deville, conseiller municipal de Paris, rue du Regard, 12, à Paris (VI^e).
Duponteil (O ✻), directeur de l'administration départementale et communale au Ministère de l'intérieur.
Dupuy (Jean), sénateur, ancien ministre de l'agriculture, rue d'Enghien, 18, à Paris (X^e).
Granier (O ✻), président du comité des inspecteurs généraux des services administratifs au Ministère de l'intérieur.
D'Iriart d'Etchepart, député, rue de Moscou, 38, à Paris (VIII^e).
Limouzin-Laplanche, sénateur, rue Gay-Lussac, 110, à Paris (V^e).
Marquez, conseiller général de la Seine, avenue de Clichy, 187, à Paris (XVII^e).
Méline (Jules), ancien ministre de l'agriculture, rue de Commaille, 4, à Paris (VII^e).
Mesureur, directeur de l'administration générale de l'Assistance publique de Paris.
Millerand, député, avenue de Villars, 2, à Paris (VII^e).
Mougeot, sénateur, ancien ministre de l'agriculture, rue Ballu, 36, à Paris (IX^e).
Musnier de Pleignes, inspecteur des finances, rond-point de Longchamp, 4, à Paris (XVI^e).
Ogier (C ✻), conseiller d'État, directeur du contrôle et de la comptabilité au Ministère de l'intérieur.
Pams, ancien ministre de l'agriculture, avenue Henri-Martin, 85, à Paris (XVI^e).
De Pardieu C ✻, directeur des haras au Ministère de l'agriculture.
Privat-Deschanel (C ✻), conseiller d'État, directeur général de la comptabilité publique au Ministère des finances.
Raynaud, député, ancien ministre de l'agriculture, rue Pasquier, 2, à Paris (VIII^e).
Riotteau, rapporteur de la loi du 2 juin 1891 sur les courses de chevaux, rue de Sèze, 10, à Paris (VIII^e).
Ruau, ancien ministre de l'agriculture.
Paul Strauss, sénateur, avenue de Wagram, 76, à Paris (VIII^e).
Viger ✻, ancien ministre de l'agriculture, rue des Saints-Pères, 55, à Paris (VII^e).
N..., membre de l'Académie de médecine.

*Secrétaires :*

M. Marthe ✻ (I), chef de bureau au Ministère de l'agriculture.
M. Imbert, inspecteur général adjoint des services administratifs au Ministère de l'intérieur.
M. Berthet (A), secrétaire adjoint.

---

## Conseils, Comités et Commissions ressortissant à la Direction de l'Agriculture.

### CONSEIL SUPÉRIEUR DE L'ENSEIGNEMENT AGRICOLE.

M. le Ministre de l'agriculture, *président*.

*Membres de droit.* MM.

Le conseiller d'État, directeur général des eaux et forêts.
Le directeur de l'agriculture.

Le directeur des haras.
Le chef du cabinet du Ministre de l'agriculture.
Les inspecteurs généraux de l'agriculture.
L'inspecteur général des écoles vétérinaires.
Le directeur de l'Institut national agronomique.
Le directeur de l'École nationale des eaux et forêts.
Le directeur de l'École nationale d'agriculture de Grignon.
Le président de l'Académie d'agriculture de France.
Le président de la Société nationale d'encouragement à l'agriculture.
Le président de la Société des agriculteurs de France.

*Membres nommés par le Ministre.* MM.

Berge (René) O ✱, ingénieur civil des mines, directeur d'exploitations agricoles, rue Pierre-Charron, 12, à Paris (XVI^e).
Dybowski ✱ (✪ A), directeur des jardins coloniaux.
Egrot (O ✱), ancien président du Syndicat des constructeurs de machines et d'instruments d'agriculture, rue Mathis, 19, à Paris (XIX^e).
Jonnart, président de la Fédération des sociétés agricoles du Pas-de-Calais, rue de Lubeck, 31, à Paris (XVI^e).
Le Play ✱, membre du Conseil supérieur de l'agriculture, rue du Bac, 40, à Paris (VII^e).
Lhotelain ✱, président du comice agricole de Reims.
Lugol, président de l'Union des associations agricoles du Sud-Est, à Manduel (Gard).
Maldant, président de la Société vinicole de Beaune (Côte-d'Or).
Petit (Henri) ✱, président du Syndicat agricole de Seine-et-Oise.
Sagnier (O ✱), membre de la Société nationale d'agriculture, rue de Rennes, 106, à Paris (VI^e).
De Saint-Quentin, sénateur, membre de la Société nationale d'agriculture, rue de Magdebourg, 25, à Paris (XVI^e).
Saint-René-Taillandier ✱, vice-président de la Société des viticulteurs de France.
Tétard ✱, membre de la Société nationale d'agriculture, boulev. Magenta, 91, à Paris (X^e).
Tisserand (GO ✱, ✪ I), directeur honoraire de l'agriculture, rue du Cirque, 17, à Paris (VIII^e).
Tribou, ancien président de la Société des agriculteurs du Nord.
Vacher ✱, membre de la Société nationale d'agriculture, avenue de Breteuil, 52, à Paris (VII^e).
Viger ✱, sénateur, président de la Société nationale d'horticulture de France, rue des Saints-Pères, 55, à Paris (VII^e).

---

## COMMISSION TECHNIQUE DE L'HORTICULTURE.

M. le Ministre de l'agriculture, *président.*
M. Viger, sénateur, *vice-président.*
M. Rabier, député, *vice-président.*
M. N..., *secrétaire.*

---

## COMMISSION SUPÉRIEURE DU PHYLLOXÉRA.

M. Tisserand (Eugène), directeur honoraire de l'agriculture, *président.*

---

COMMISSION CHARGÉE DE REVISER LES ÉVALUATIONS DES INDEMNITÉS DUES POUR VIGNES DÉTRUITES.

MM. Tisserand (GO ✻, ✿ I), conseiller honoraire à la Cour des comptes, directeur honoraire de l'agriculture, *président.*
Cotelle (O ✻), conseiller d'État.

---

COMMISSION DE L'HYGIÈNE AGRICOLE.

MM. Chauveau, membre de l'Institut, *président.*
le docteur Bordas, professeur au Collège de France, *vice-président.*
Berdin, chef de bureau à la Direction de l'Enseignement et des Services agricoles.

---

COMITÉ CONSULTATIF DE STATISTIQUE AGRICOLE.

MM. le Ministre de l'agriculture, *président.*
Dupuy (Jean), sénateur, ancien Ministre de l'agriculture, *vice-président.*
Viger ✻, sénateur, ancien Ministre de l'agriculture, *vice-président.*
Moyen (✿ I), sous-chef de bureau à l'Office de renseignements agricoles, *secrétaire.*
Serval (✿ A), rédacteur à l'Office de renseignements agricoles, *secrétaire adjoint.*

---

## Conseils, Comités et Commissions ressortissant à la Direction générale des Eaux et Forêts.

CONSEIL DES EAUX ET FORÊTS.

MM. le Ministre de l'agriculture, *président.*
le conseiller d'État directeur général des eaux et forêts, *vice-président.*
Bénardeau (O ✻, ✿ I), inspecteur général des eaux et forêts.
Lafosse (O ✻, ✿ I), inspecteur général des eaux et forêts.
Font partie en outre du Conseil pour les affaires ressortissant à leur service :
Antoni O ✻ (✿ A), sous-directeur.
Emery ✻ (✿ I), conservateur, chef de la section du personnel des eaux et forêts.
Madelin ✻ (✿ A), inspecteur chargé de bureau.
Leddet ✻ (✿ I), conservateur chargé de bureau.
Cardot ✻ (✿ I), conservateur chargé du service des améliorations patronales de la pêche et de la pisciculture.

(Les séances ordinaires du Conseil d'administration ont lieu tous les samedis, à 9 heures et demie.)

---

COMITÉ GÉNÉRAL DES FORÊTS.
(*Créé pour la durée des hostilités.*)

MM. le conseiller d'État, directeur général des eaux et forêts, *président.*
N..., *secrétaire général.*

---

COMMISSION DES SÉRIES ARTISTIQUES DANS LES FORÊTS DOMANIALES.

MM. Dabat, conseiller d'État, directeur général des eaux et forêts, *président.*
Chaplain, inspecteur des eaux et forêts, *secrétaire.*

---

COMMISSION DES CHATAIGNIERS.

MM. Dabat, conseiller d'État, directeur général des eaux et forêts, *président.*
Trutat, inspecteur des eaux et forêts, *secrétaire.*

---

COMMISSION PERMANENTE AYANT POUR OBJET DE RECHERCHER LES MODIFICATIONS AUX LOIS ET RÈGLEMENTS INTÉRESSANT L'EXERCICE DE LA CHASSE EN FRANCE.

MM. le Ministre de l'agriculture, *président*.
Raynaud, député, *vice-président*.
N..., *secrétaire*.

---

COMMISSION DE LA PÊCHE FLUVIALE.

M. N..., *président*.

---

COMMISSION DES AMÉLIORATIONS PISCICOLES.

MM. le Ministre de l'agriculture, *président*.
le conseiller d'État, directeur général des eaux et forêts, *vice-président*.
Cardot, conservateur des eaux et forêts, *secrétaire général*.
Giraud, inspecteur adjoint des eaux et forêts, *secrétaire adjoint*.

---

COMMISSION EN VUE DE SAUVEGARDER L'UTILISATION DES EAUX.

MM. le Ministre de l'Agriculture, *président*.
le docteur Peyrot, sénateur, *vice-président*.
le docteur Chapuis, sénateur, *vice-président*.
le docteur Bordas, professeur adjoint au Collège de France, *vice-président*.
Dabat (Léon), conseiller d'État, directeur général des Eaux et Forêts, *secrétaire général*.

---

COMMISSION CONSULTATIVE DE L'HYDRAULIQUE ET DES AMÉLIORATIONS AGRICOLES.

M. le Ministre de l'agriculture, *président*, ou, à son défaut, le président de la première section.

*1re Section.*

M. Salles (O ✻), inspecteur général des ponts et chaussées, 46, boulevard Saint-Michel, *président*.

*2e Section.*

M. Tisserand (GO ✻, ⚜I), membre de l'Institut, directeur honoraire de l'Agriculture, *président*.

---

COMMISSION DE VÉRIFICATION DES COMPTES DES GRANDES ENTREPRISES D'HYDRAULIQUE AGRICOLE.

M. De Vellefrey, inspecteur général des finances, *président*.

---

COMMISSION DE RÉPARTITION DES SUBVENTIONS ACCORDÉES SUR LES FONDS DU PARI MUTUEL POUR TRAVAUX COMMUNAUX D'ADDUCTION D'EAU POTABLE.

*Bureau.* MM.

Le Ministre de l'agriculture, *président*.
Salles (O ✻, ⚜I), inspecteur général des ponts et chaussées, vice-président de la Commission de l'hydraulique et des améliorations agricoles, *vice-président*.
Dabat (Léon) [C ✻, ⚜I], conseiller d'État, directeur des eaux et forêts au Ministère de l'agriculture, *secrétaire général*.

---

COMITÉ CHARGÉ DE L'ÉTUDE DES DIVERSES QUESTIONS SCIENTIFIQUES INTÉRESSANT LES SERVICES DE LA DIRECTION GÉNÉRALE DES EAUX ET FORÊTS (2e partie).

MM. le Ministre de l'agriculture, *président.*

Dabat (C ✻, ✿ I), directeur général des eaux et forêts, *secrétaire général.*
Müntz (O ✻, ✿ I), membre de l'Institut, professeur, directeur des laboratoires de chimie à l'Institut agronomique, *vice-président.*
Violle (O ✻), membre de l'Institut, professeur au Conservatoire des arts et métiers, *vice-président.*

---

COMITÉ TECHNIQUE DE MÉTÉOROLOGIE AGRICOLE.

M. Violle, membre de l'Institut et de l'Académie d'agriculture, *président.*
M. D'Arsonval, membre de l'Institut, *vice-président.*
M. Vermorel, sénateur, membre de l'Académie d'agriculture, *vice-président.*
M. Rey, inspecteur, sous-chef du service de la météorologie agricole, *secrétaire.*

---

## Conseils, Comités et Commissions ressortissant à la Direction des Haras.

CONSEIL SUPÉRIEUR DES HARAS, COMPOSÉ DE VINGT-QUATRE MEMBRES.

M. le Ministre de l'agriculture, *président.*
M. le directeur des haras, *vice-président.*

---

COMMISSION DU STUD-BOOK DES CHEVAUX DE PUR SANG, COMPOSÉE DE DOUZE MEMBRES.

M. le Ministre de l'agriculture, *président.*
M. le directeur des haras, *vice-président.*

---

COMITÉ CONSULTATIF PERMANENT DES COURSES, COMPOSÉ DE VINGT-SEPT MEMBRES.

M. le Ministre de l'agriculture, *président.*

---

## Conseils, Comités et Commissions ressortissant à la Direction des Services sanitaires et scientifiques et de la répression des fraudes.

COMITÉ CONSULTATIF DES STATIONS AGRONOMIQUES ET DES LABORATOIRES AGRICOLES.

M. Tisserand (GO ✻, ✿ I), directeur honoraire de l'agriculture, *président.*

---

COMITÉ CONSULTATIF DES ÉPIZOOTIES.

M. Develle, sénateur, *président.*
M. Roux (O ✻), directeur de l'Institut Pasteur, *vice-président.*

---

COMITÉ CONSULTATIF DES ÉPIPHYTIES CHARGÉ DE L'ÉTUDE ET DE L'EXAMEN DES PROCÉDÉS DE DESTRUCTION DES INSECTES, CRYPTOGAMES ET AUTRES VÉGÉTAUX NUISIBLES A L'AGRICULTURE.

M. Tisserand, directeur honoraire de l'agriculture, *président.*

---

## COMMISSION PERMANENTE DE RECHERCHE ET DE CONTROLE DES PROCÉDÉS D'ANALYSE A EMPLOYER POUR L'APPLICATION DE LA LOI DU 1er AOUT 1905

SUR LA RÉPRESSION DES FRAUDES DANS LA VENTE DES MARCHANDISES ET LES FALSIFICATIONS DES DENRÉES ALIMENTAIRES ET DES PRODUITS AGRICOLES.

MM. Gautier, membre de l'Institut, *président.*
Le Directeur de l'École supérieure de pharmacie de Paris, *vice-président.*
Bordas, professeur suppléant au Collège de France, *vice-président.*
Haller, membre de l'Institut, *vice-président.*
Maquenne, membre de l'Institut, professeur au Muséum d'histoire naturelle, *vice-président.*
Dr Roux, membre de l'Institut, directeur de l'Institut Pasteur, *vice-président.*

---

## Commission ressortissant au service du crédit de la Coopération et de la Mutualité agricoles.

### COMMISSION DE RÉPARTITION DES AVANCES DE L'ÉTAT AUX CAISSES RÉGIONALES DE CRÉDIT AGRICOLE MUTUEL.

*Bureau.* MM.

Le Ministre de l'agriculture, *président.*
Develle, sénateur, *vice-président.*
Raynaud, député, *vice-président.*
Decharme, chef du service du Crédit, de la coopération et de la mutualité agricoles, *secrétaire général.*

*Membres.* MM.

Pallain, gouverneur de la Banque de France.
Privat-Deschanel, directeur général de la comptabilité publique.
Le directeur du mouvement général des fonds.
Sagourin, directeur de l'agriculture.
Dabat, conseiller d'État, directeur général des eaux et forêts.
De Pardieu, directeur des haras.
Carrier, directeur du secrétariat, du personnel central et de la comptabilité.
Gomot, sénateur.
Lourties, sénateur.
Noël, sénateur.
N..., député.
Fernand-David, député.
Plissonnier, député.
Tardit, conseiller d'État.
Courtin, président de chambre à la Cour des comptes.
De Vellefrey, inspecteur général des finances.
N..., inspecteur général de l'agriculture.
Pelissier, inspecteur général des améliorations agricoles.
Viala, inspecteur général de la viticulture, membre de l'académie d'agriculture.
Tardy, inspecteur général, chef du service de l'inspection du crédit et des associations agricoles subventionnées.
Wéry, inspecteur du service de l'inspection du crédit et des associations agricoles subventionnées.
Petit, inspecteur du service de l'inspection du crédit et des associations agricoles subventionnées.
Viger, sénateur, vice-président du Conseil supérieur de l'agriculture.
Codet, sénateur, membre du Conseil supérieur de l'agriculture.
Henri Sagnier, secrétaire perpétuel de l'Académie d'agriculture et membre du conseil supérieur de l'agriculture.
Egasse, président de la Caisse régionale de crédit agricole mutuel de Chartres.
Astier, président de la Caisse régionale de crédit agricole mutuel du Midi.
Guilloux, président de la Caisse régionale de crédit agricole mutuel de la Brie.
Riverain, président de la Caisse régionale de crédit agricole mutuel du Loir-et-Cher.

Descours-Desacres, président de la Caisse régionale de crédit agricole mutuel du centre de la Normandie.
Tisserand, président de la section des sociétés coopératives de la fédération nationale de la mutualité et de la coopération agricoles.
Th. Girard, sénateur, président de l'Association centrale des laiteries coopératives des Charentes et du Poitou.

---

## SERVICES EXTÉRIEURS

---

### Services extérieurs ressortissant à la Direction du Secrétariat du Personnel central et de la Comptabilité.

INSPECTION DU PARI MUTUEL. MM.

O'Hegerty de Magnières (✿A), inspecteur, avenue Jules-Janin, 15, à Paris (XVI<sup>e</sup>).
Souriau ✻ (✿I), inspecteur, avenue de La Motte-Picquet, 6, à Paris (VII<sup>e</sup>).
Pignet, inspecteur, rue d'Antin, 19, à Paris (II<sup>e</sup>).
Mériel, inspecteur, rue de Berne, 12, à Paris (VIII<sup>e</sup>).

---

### Services extérieurs ressortissant à la Direction de l'Agriculture.

INSPECTION DE L'AGRICULTURE. MM.

Magnien (Lucien-Auguste) (O ✻, ✿I), *idem*, rue Monge, 97, à Paris (V<sup>e</sup>).
Guillon (Jean Marie) ✻, *idem*, rue d'Assas, 85, à Paris (VI<sup>e</sup>).
Lesage (Jean-Maurice) O ✻, *idem*, rue Raynouard, 80, à Paris (XVI<sup>e</sup>).
Chancrin (Ernest-Régis) ✻, *idem*, avenue Suffren, 145, à Paris (XV<sup>e</sup>).
Bréheret (François-Jean) (✻, ✿A), *inspecteur de l'agriculture*, à Valence (Drôme).
Guicherd (Jean-Pierre) (✻, ✿A), *idem*, rue Mazon, 1, à Paris (XV<sup>e</sup>).
Cassez (Emile-Auguste), *idem*, direction des services agricoles, Chaumont.
Laurent (Albert-Joseph) ✻, *idem*, direction des services agricoles, Chambéry.
Rolland (Louis) ✻, *idem*, rue Valentin-Hauy, à Paris (XV<sup>e</sup>).
Laurent (Félix), *idem*, rue de Rennes, 98, à Paris (VI<sup>e</sup>).
Chappaz (Georges), *idem*, direction de l'Agriculture à Tunis.

La France est divisée en huit régions agricoles qui comprennent les départements suivants :
I. *Région Nord.* — Aisne, Calvados, Eure, Eure-et-Loir, Manche, Nord, Oise, Orne, Pas-de-Calais, Seine, Seine-Inférieure, Seine-et-Marne, Seine-et-Oise, Somme.
II. *Région Est.* — Ardennes, Aube, territoire de Belfort, Marne, Haute-Marne, Meurthe-et-Moselle, Meuse, Haute-Saône, Vosges.
III. *Région Ouest.* — Côtes du-Nord, Finistère, Ille et-Vilaine, Loire-Inférieure, Maine-et-Loire, Mayenne, Morbihan, Sarthe, Deux-Sèvres, Vendée, Vienne.
IV. *Région centre.* — Allier, Cher, Creuse, Indre-et-Loire, Loir-et-Cher, Loiret, Nièvre, Haute-Vienne, Yonne.
V. *Région Est central.* — Ain, Hautes-Alpes, Côte-d'Or, Doubs, Isère, Jura, Rhône, Saône-et-Loire, Savoie, Haute-Savoie.
VI. *Région Sud-Ouest.* — Ariège, Charente, Charente-Inférieure, Dordogne, Haute-Garonne, Gers, Gironde, Landes, Lot-et-Garonne, Basses-Pyrénées, Hautes-Pyrénées, Tarn-et-Garonne.
VII. *Région Massif central.* — Aveyron, Cantal, Corrèze, Loire, Haute-Loire, Lot, Lozère, Puy-de-Dôme, Tarn.
VIII. *Région Midi.* — Basses-Alpes, Alpes-Maritimes, Ardèche, Aude, Bouches-du-Rhône, Corse, Drôme, Gard, Hérault, Pyrénées-Orientales, Var, Vaucluse.

## SERVICE DU PHYLLOXÉRA.

*Délégué.*

M. Gastine, délégué général du phylloxéra, 32, rue Croix-de-Regnier, à Marseille.

*Algérie.*

M. Marès (Roger), chargé du service en Algérie, à Alger.
M. N..., délégué départemental, à Oran.
M. Bauguil, délégué départemental, à Constantine.

---

## INSPECTION DES SERVICES ADMINISTRATIFS.

M. Dariac (Léonce) ✻ (✿I), inspecteur des services administratifs des établissements de l'enseignement agricole 18, rue du Lunain, Paris, (XIVe).

---

## INSTITUT INTERNATIONAL D'AGRICULTURE DE ROME.

M. Dop (Louis) ✻, délégué de la France, vice-président de l'Institut.

---

## ENSEIGNEMENT SUPÉRIEUR DE L'AGRICULTURE.

### INSTITUT NATIONAL AGRONOMIQUE.

(Rue Claude-Bernard, 16, à Paris [V[e]].)

L'Institut national agronomique, créé par la loi du 9 août 1876, a pour but de former :

1° Des agriculteurs et des propriétaires possédant les connaissances scientifiques nécessaires pour la meilleure exploitation du sol ;

2° Des professeurs spéciaux pour l'enseignement agricole dans les écoles nationales, les écoles pratiques d'agriculture, dans les départements, dans les écoles normales, lycées, collèges, écoles primaires supérieures, etc. ;

3° Des administrateurs pour les divers services publics ou privés dans lesquels les intérêts de l'agriculture sont engagés ;

4° Des agents pour l'administration des forêts, conformément au décret du 9 janvier 1888, modifié par le décret du 11 novembre 1899 ;

5° Des agents pour l'administration des haras, conformément au décret du 26 septembre 1899 ;

6° Des directeurs et préparateurs de stations agronomiques ;

7° Des chimistes ou directeurs pour les industries agricoles (sucreries, féculeries, distilleries, fabriques d'engrais, etc.) ;

8° Des ingénieurs agricoles (drainages, irrigations, construction de machines).

L'Institut national agronomique dispose d'un certain nombre d'établissements de recherches et d'expérimentations : ferme de la Faisanderie, à Joinville-le-Pont ; station d'essais de semences ; station d'essais de machines ; station de pathologie végétale ; station d'entomologie agricole ; laboratoires de fermentations, de physiologie végétale, de physiologie animale, de zoologie, de technologie, de viticulture, etc.

La durée des études est de deux ans, après lesquels l'élève qui en est jugé digne reçoit le diplôme d'*ingénieur agronome*. Ce diplôme est délivré par le ministre de l'agriculture. Il est considéré comme équivalant à une licence pour les anciens élèves possesseurs d'un baccalauréat et qui désirent se faire inscrire au stage provisoire pour les emplois d'attachés d'ambassade, d'élèves et d'attachés payés à la direction politique et aux sous-directions des affaires commerciales de la direction des consulats.

Le régime de l'école est l'externat. L'admission a lieu, pour tous les candidats indistinctement, à la suite d'un concours. Les épreuves de ce concours portent sur les mathématiques élémentaires, y compris la mécanique (éléments de statique et machines simples), la cosmographie, la physique, la chimie, la zoologie, la botanique, la géographie, l'anglais ou l'allemand. Le jury tient compte aux candidats des diplômes de bachelier, de licencié ès sciences, des diplômes des écoles nationales d'agriculture et vétérinaires, du certificat d'études P. C. N. et des connaissances qu'ils peuvent posséder en agriculture. Les candidats doivent justifier qu'ils sont âgés de dix-sept ans révolus le 1er janvier de l'année où ils se présentent. Les examens d'admission ont lieu, en province et à Paris, au mois de juin, pour la partie écrite, et à Paris, au mois de juillet, pour la partie orale.

La rétribution scolaire pour l'enseignement et les frais d'examen est fixée à 500 francs par an, payables par semestre et d'avance. Chaque année, des bourses sont mises au concours et accordées par le ministre de l'agriculture aux élèves qui ont subi avec succès les examens d'admission et dont les familles ont préalablement justifié de l'insuffisance de leurs ressources.

Indépendamment des élèves réguliers, l'Institut national agronomique reçoit des *auditeurs libres*, qui ne sont soumis à aucune condition d'âge et sont dispensés de tout examen d'admission; ils suivent les cours qui sont à leur convenance, mais ils n'ont entrée ni aux salles d'étude, ni aux laboratoires.

Tous les ans, les deux élèves classés les premiers sur la liste de sortie peuvent recevoir aux frais de l'État une mission complémentaire d'études d'une durée de trois années, soit en France, soit à l'étranger.

Les élèves diplômés qui en sont jugés dignes sont admis à faire une année complémentaire d'études dans les conditions prévues par des règlements spéciaux. Les mieux classés peuvent recevoir à cet effet une allocation de stage de 100 francs par mois.

## *Direction.*

M. Wéry ✻ (✿I), ingénieur agronome, *directeur.*
M. Cosmao, ingénieur agronome, *directeur des études.*

## *Conseil de perfectionnement.*

### *Membres de droit.* MM.

Le directeur de l'agriculture.
Le directeur général des eaux et forêts.
Le directeur des haras.
Le directeur de l'Institut national agronomique.

### *Membres nommés par le ministre.* MM.

Bignon (O✻), ingénieur agronome, agriculteur.
Fagot, ingénieur agronome, agriculteur, lauréat de prime d'honneur, sénateur.
Perrier (O✻), membre de l'Académie des sciences, directeur du Muséum.
Tisserand (GO✻, ✿I), directeur honoraire de l'agriculture.

### *Membres nommés par le conseil de l'École.* MM.

Marchal (✿A), professeur.
Schribaux O✻, professeur.
André (✿A), professeur
N...

---

## *Enseignement.*

### *Professeurs.* MM.

| | |
|---|---|
| André ✻ (✿A), professeur à l'Acad. de médecine | *Chimie appliquée à l'agriculture.* |
| Angot ✻ (✿I), docteur ès sciences | *Physique et météorologie.* |
| Carrier (O✻, ✿I), inspecteur général des améliorations agricoles | *Aménagement agricole des eaux.* |
| Cayeux (✿A), docteur ès sciences | *Géologie appliquée à l'agriculture.* |
| Demorlaine, inspecteur des eaux et forêts | *Économie forestière.* |
| Dybowski (O✻), directeur des jardins coloniaux | *Cultures coloniales.* |
| Gauwain (O✻), sous-gouverneur du Crédit foncier | *Législation rurale et droit admin.* |
| Girard (Ch. Antoine) (O✻, ✿A) | *Analyse et démonstrat. chimiques.* |
| Hitier (J.) (✿I), docteur en droit, professeur adjoint à la Faculté de droit | *Économie rurale.* |
| Lindet ✻ (✿A), docteur ès sciences | *Technologie agricole.* |
| N... | *Zootechnie.* |
| Marchal ✻, docteur ès sciences, directeur de la station entomologique | *Zoologie appliq. à l'agriculture.* |
| Pélissier O✻ (✿I) | *Mathématiques appliquées.* |
| N... | *Anatomie et physiologie.* |
| Ringelmann ✻, directeur de la station d'essais de machines | *Machines agric. et construct. rur.* |
| Sanglé, conducteur des ponts et chaussées | *Dessin et travaux graphiques.* |
| Schribaux O✻, dir. de la station d'essais de semences | *Agriculture.* |
| Viala ✻, docteur ès sciences | *Viticulture.* |

*Maîtres de conférences.* MM.

Boitel, ingénieur agronome . . . . . . . . . . *Agriculture générale.*
Chapsal (GO ✻, ✪A), maître des requêtes honoraire au Conseil d'État . . . . . . . . . . *Législation rurale et droit administratif.*
Deloncle (O ✻, ✪I), inspecteur général honoraire de l'agriculture, sénateur de la Seine . . . . *Pisciculture.*
Demoussy (✪I), préparateur au Muséum . . . . . *Chimie organique appliquée aux produits de l'industrie agricole.*
Dongier (✪I), docteur ès sciences, agrégé de l'Université, sous-directeur du laboratoire de physique à la Sorbonne . . . . . . . . . . *Électrotechnique.*
Fron (✪A), ingén. agronome, docteur ès sciences. *Pathologie végétale.*
Hitier (✪A), ingénieur agronome . . . . . . . *Agriculture comparée.*
Kayser ✻ (✪A), docteur ès sciences . . . . . . *Microbiologie.*
Lauvrière (✪A), docteur ès lettres, agrégé de l'Université . . . . . . . . . . *Langue anglaise.*
Milliot-Madérau, professeur au lycée Louis-le-Grand . . . . . . . . . . *Allemand parlé.*
Nanot ✻ (✪I), ingénieur agronome, directeur de l'école d'horticulture de Versailles . . . . *Arboriculture et horticulture.*
Souchon, chargé de cours à la faculté de droit de Paris . . . . . . . . . . *Économie politique.*
Tardy . . . . . . . . . . *Comptabilité.*
Thevenin (O ✻, ✪A) . . . . . . . . . . *Mécanique agricole.*
Voitellier, ingénieur agronome . . . . . . . . *Zootechnie.*

*Chefs de travaux.* MM.

Boitel, ingénieur agronome . . . . . . . . . . *Agriculture, 1re année.*
Coudon, ingénieur agronome . . . . . . . . . *Travaux chimiques.*
Guénaux (✪I), ingénieur agronome . . . . . . *Zoologie.*
Fron (✪A), ingénieur agronome, docteur ès sciences *Biologie végétale.*
Hitier, ingénieur agronome . . . . . . . . . *Agriculture comparée.*
Marsais, ingénieur agronome . . . . . . . . *Viticulture.*
Coupan, ingénieur agronome . . . . . . . . *Génie rural, travaux graphiques.*

*Répétiteurs.* MM.

Blayac, préparateur à la faculté des sciences . . *Géologie appliquée à l'agriculture.*
Boitel, ingénieur agronome . . . . . . . . . *Agriculture générale.*
Corneille (✪A), maître des requêtes au Conseil d'État . . . . . . . . . . *Législation rurale et droit administratif.*
Demoussy (✪A), docteur ès sciences . . . . . *Chimie agricole.*
Dongier (✪A), docteur ès sciences . . . . . *Physique et météorologie.*
Fron, ingénieur agronome . . . . . . . . . *Cultures coloniales et biologie des végétaux cultivés.*
Guénaux (✪I), ingénieur agronome . . . . . . *Zoologie.*
Mangin, inspecteur des eaux et forêts . . . . *Économie forestière.*
Nacivet . . . . . . . . . . *Mathématiques appliquées.*
Portier (Ernest) [✪A], licencié ès sciences . . . *Technologie agricole.*
Rolley, ingénieur des améliorations agricoles . . *Aménagement agricole des eaux.*
Tardy (✻, ✪A), ingénieur agronome . . . . . *Économie rurale.*
Voitellier, ingénieur agronome . . . . . . . *Zootechnie.*

*Préparateurs.* MM.

Nottin . . . . *Technologie agricole.* | N... . . . . . *Laboratoire des élèves.*

*Administration.* MM.

Charon (✪A), *secrétaire, agent comptable.*
Labayle-Couhat, ingénieur agronome, *bibliothécaire, conservateur des collections.*
Le capitaine Dutrop ✻, *inspect. des études.*
Le capitaine Moreigne ✻, *inspecteur des études.*
Jail, *commis de direction et de comptabilité.*

---

## ÉCOLES NATIONALES D'AGRICULTURE.

Les écoles nationales d'agriculture, créées par la loi du 3 octobre 1848, s'adressent aux jeunes gens qui se destinent à l'enseignement agricole et à la gestion des domaines ruraux, soit pour leur propre compte, soit pour autrui.

Elles sont au nombre de trois : Grignon, Montpellier et Rennes.

Elles reçoivent des élèves internes, des élèves externes et des auditeurs libres (Grignon et Montpellier). — L'école de Rennes ne reçoit que des externes.

Les élèves internes, les demi-pensionnaires et les externes suivent toutes les leçons et participent à tous les travaux, applications et exercices pratiques; les auditeurs libres assistent aux cours qui sont à leur convenance et n'ont entrée ni aux salles d'étude, ni aux laboratoires.

Des excursions dans des fermes et dans des usines agricoles ont lieu sous la direction des professeurs pour compléter l'enseignement donné à l'école.

La durée des études est de deux ans et demi à Grignon et Montpellier, de deux ans à Rennes.

Les candidats doivent être âgés de dix-sept ans accomplis au 1er avril de l'année d'admission. Ils subissent indistinctement un examen d'entrée qui comprend *des épreuves écrites et des épreuves orales*, portant sur les mathématiques élémentaires, la physique et la chimie et les sciences naturelles. Les auditeurs libres ne sont astreints à aucun examen. Les examens d'entrée ont lieu chaque année dans le courant de juillet. Le prix de la pension des élèves internes est de 1 200 francs par an à Grignon et de 1 000 francs à Montpellier. Les demi-pensionnaires paient une pension de 600 francs par an. Les élèves externes acquittent un droit de 400 francs par an; les auditeurs libres, un droit de 200 francs.

Le nombre des places mises au concours est fixé chaque année par arrêté ministériel.

Des bourses, fractionnables en demi-bourses et au nombre de neuf par année d'étude, sont instituées dans les écoles nationales d'agriculture. Indépendamment des boursiers, dix élèves par année d'études peuvent être, dans chacune des écoles, dispensés du paiement de la rétribution scolaire, si l'élève est externe, ou d'une somme équivalente à la rétribution de l'externat, soit 400 francs, si l'élève est interne ou demi-interne. Toutefois, cette exemption du paiement de la rétribution de l'externat ou de son équivalent est réservée de préférence aux élèves externes.

### ÉCOLE D'AGRICULTURE DE GRIGNON (Seine-et-Oise). MM.

Jouzier ✻, *directeur*.

Cabaré, *comptable*.
Lannes, *secrétaire de la direction*.
Girard, *économe*.
Banzi ✻, *bibliothécaire*.
Dr Grellière, *médecin*.
Poirel, *commis de comptabilité*.

### ÉCOLE D'AGRICULTURE DE RENNES (Ille-et-Vilaine). MM.

N..., *directeur*.

Jouzier, *agent comptable*.
Esnault, *économe*.
Baly, *secrétaire de la direction*.
Patay (I A), *médecin*.

### ÉCOLE D'AGRICULTURE DE MONTPELLIER (Hérault). MM.

Ferrouillat (✻, I A), *directeur*.

Montant, *agent comptable*.
N..., *économe*.
Anglas, *commis de comptabilité*.
Companyo, *secrétaire de la direction*.
Dr Rimbaud, *médecin*.

### ÉCOLE NATIONALE D'HORTICULTURE DE VERSAILLES.

L'école nationale d'horticulture, établie au potager de Versailles, a été fondée par la loi du 16 décembre 1873.

Cet établissement, ouvert le 1er décembre 1874, a pour but de former des horticulteurs, des pépiniéristes, des chefs de jardin botanique, des professeurs d'horticulture, des architectes paysagistes, des régisseurs, des chefs jardiniers, des jardiniers et des agents de culture pour les colonies.

L'école ne reçoit que des élèves externes.

L'instruction y est donnée gratuitement. Toutefois, les élèves sont tenus de verser, au moment de leur entrée, une somme fixe de 30 francs, pour garantir l'école du paiement des objets détériorés par eux.

La durée des études est de trois années.

Les candidats subissent un examen d'admission qui porte sur les connaissances de la langue française, des mathématiques, des notions de géologie et de botanique et des éléments de l'agriculture et de l'horticulture.

Le concours d'admission qui sert également pour statuer sur l'attribution des bourses commence le deuxième lundi d'octobre au siège de l'école, à midi, et la rentrée des nouveaux élèves a lieu le vendredi suivant, à 7 heures du matin.

Indépendamment des cours et des conférences faits à l'école, des visites aux principaux établissements d'horticulture permettent de mettre sous les yeux des élèves les meilleurs exemples de la pratique horticole et arboricole.

Les élèves qui ont satisfait aux examens de sortie reçoivent, sur la proposition du jury d'examen, un certificat d'études délivré par le ministre. En outre, les élèves sortis parmi les premiers peuvent obtenir, si le degré de leur instruction et leurs aptitudes justifient cette faveur, un stage d'une année dans de grands établissements horticoles de la France ou de l'étranger. Une allocation de 1200 francs est affectée à chacun de *ces stages* dont le nombre ne peut être supérieur à deux par année.

Des bourses au nombre de dix, d'une valeur de 1000 francs, et pouvant être fractionnées, sont accordées chaque année au concours aux élèves qui n'ont pas plus de 18 ans au 1er janvier de l'année de l'entrée de l'école en tenant compte de l'ordre de classement et de la situation de fortune des candidats.

L'école d'horticulture admet également des élèves s'entretenant à leurs frais ainsi que ceux qui sont envoyés et subventionnés à cet effet par les départements, les villes, les associations agricoles ou horticoles ou autres sociétés savantes.

M. Nanot (O ✻, ✿ I), ingénieur agronome, *directeur-professeur*.

M. Picat, agent comptable.

ÉCOLE NATIONALE D'INDUSTRIE LAITIÈRE DE MAMIROLLE (Doubs).

M. Kohler, *directeur*.

ÉCOLE NATIONALE DES INDUSTRIES AGRICOLES A DOUAI.

L'école nationale des industries agricoles, créée à Douai (Nord) par arrêté ministériel en date du 20 mars 1893, est destinée à répandre l'instruction professionnelle, à préparer et à former, pour la conduite des sucreries, des distilleries, des brasseries et autres industries annexes de la ferme, des hommes capables de les diriger et des collaborateurs de tous ordres en état d'aider les chefs de ces diverses industries agricoles.

Elle sert en outre d'école d'application aux élèves sortant de l'Institut agronomique et des écoles nationales de l'État. Ces élèves prennent le titre d'élèves stagiaires.

Elle peut recevoir encore dans les laboratoires les personnes désireuses d'étudier une industrie agricole ou une question spéciale à ces industries.

Des auditeurs libres peuvent enfin être admis à suivre un ou plusieurs cours.

Nul ne peut être admis à l'école, à quelque titre que ce soit, s'il n'est Français ou naturalisé Français.

La durée des études est de deux ans; elle peut toutefois être réduite à un an pour des élèves stagiaires. Le régime de l'école est l'externat. Les examens d'admission ont lieu au siège de l'école. Les candidats doivent avoir seize ans au moins.

Le prix de la rétribution scolaire pour les élèves stagiaires est fixé à 500 fr. par année d'études, payables en deux termes égaux et d'avance. Indépendamment du prix de la rétribution scolaire, les élèves sont tenus de verser, à leur entrée, une somme de 50 fr. pour participation aux frais de manipulation et de casse.

Les auditeurs libres paient un droit de 150 fr. par cours suivi et par année scolaire. S'ils prennent part aux exercices pratiques et aux manipulations, ils versent en outre une somme de 50 fr.

Les cours commencent chaque année le 1er octobre et finissent le 1er juillet. L'enseignement est à la fois théorique et pratique. La période des vacances est utilisée par les élèves dans les usines particulières où ils participent à tous les travaux. Les élèves réguliers et les élèves stagiaires qui, à la suite des examens de sortie, en ont été jugés dignes, reçoivent, d'après leur rang de classement, soit un diplôme, soit un certificat d'études. Les diplômes peuvent être spécialisés en visant les principales industries enseignées à l'école.

Les élèves qui ont subi avec succès les épreuves de l'examen d'admission et dont les familles ont justifié de l'insuffisance de leurs ressources pourront être exonérés de la rétribution scolaire. Chaque année, deux bourses d'entretien fixées à 1000 fr. et deux bourses de 500 fr. pourront, en outre, être accordées aux élèves qui justifieront de l'impossibilité de s'entretenir à leurs frais, et qui se trouveront dans le premier quart de la liste des élèves, dressée par ordre de mérite.

M. Dufresse (✿ A), *directeur*.

M. Dablincourt, *économe-comptable*. | M. Vallon, *commis-secrétaire*.

ÉCOLES PRATIQUES D'AGRICULTURE.

Les écoles pratiques d'agriculture, instituées par la loi du 30 juillet 1875, et régies par le décret du 19 janvier 1904, sont destinées à recevoir les jeunes gens qui, au sortir des écoles primaires ou des collèges, désirent acquérir l'instruction professionnelle agricole; elles tiennent le milieu entre les fermes-écoles et les écoles nationales d'agriculture, et leur but est de former des cultivateurs éclairés. Les élèves prennent part manuellement et journellement à toutes les opérations de la ferme, et suivent des cours en vue de développer leurs facultés intellectuelles et de leur donner l'instruction professionnelle qui leur permet de se rendre compte des opérations de la ferme et d'interpréter les faits culturaux. Les écoles pratiques d'agriculture ne sont pas d'un type uniforme. Elles sont spécialisées à raison du milieu dans lequel elles sont établies : telle école pourra être en fait une école pratique d'irrigation, une autre une école spéciale de viticulture ou encore de laiterie, de sériciculture, d'arboriculture, d'aviculture, etc.

L'âge d'admission varie de treize à dix-huit ans. Les élèves subissent un examen d'admission sur les connaissances qui font partie du programme des études primaires. Un certificat d'instruction est délivré, après examen, à la sortie. Les écoles pratiques peuvent être fondées sur la proposition d'un propriétaire, d'un département ou d'une commune, mais l'avis favorable du conseil général est nécessaire. Le ministre fait examiner le domaine. Si celui-ci présente des locaux et des cultures convenables, il procède par arrêté à la création de l'école pratique.

Le personnel enseignant est payé par l'État, qui fournit, en outre, une somme de 1 200 à 1 500 fr. pour frais matériels d'enseignement. La durée des études est de deux ou trois ans. Le prix de la pension varie de 450 à 600 fr. Les départements et l'État entretiennent un certain nombre de boursiers dans les écoles pratiques, de façon à permettre aux petits cultivateurs peu aisés d'y envoyer leurs enfants, quand ceux-ci montrent de bonnes dispositions pour l'étude.

| | | |
|---|---|---|
| Aisne | Crézancy | M. Brunel, *directeur*. |
| Allier | Gennetines | M. Desriot, *idem*. |
| Alpes-Maritimes | Antibes | M. Blache, *idem*. |
| Ardennes | Rethel (école Linard) | M. Lemasson-Morinière, *idem*. |
| Bouches-du-Rhône | Valabre | M. Décoppet, *idem*. |
| Cantal | Aurillac | M. Hilsont, *idem*. |
| Charente | L'Oisellerie | M. Baillargé, *idem*. |
| Corse | Ajaccio | M. Boyer, *idem*. |
| Côte-d'Or | Beaune | M. Clarenc, *idem*. |
| | Châtillon-sur-Seine | M. Sparfel, *idem*. |
| Côtes-du-Nord | Plouguernével | M. Le Loupp, *idem*. |
| Creuse | Genouillac | M. Lacôte, *idem*. |
| | Les Granges | M. Ganivot, *idem*. |
| Eure | Le Neubourg | M. N..., *idem*. |
| Haute-Garonne | Ondes | M. Duchein, *idem*. |
| Gironde | La Réole | M. Herbet, *idem*. |
| Ille-et-Vilaine | Trois-Croix | M. Gontier, *idem*. |
| Indre | Clion | M. Parise, *idem*. |
| Landes | Saint-Sever | M. Poirson, *idem*. |
| Loire-Inférieure | Grand-Jouan | M. Montoux, *idem*. |
| Loiret | Le Chesnoy | M. Vilcoq, *idem*. |
| Manche | Coigny | M. Noël, *idem*. |
| Marne (Haute-) | Saint-Bon | M. Rolland (IA), *idem*. |
| Meurthe-et-Moselle | Mathieu-de-Dombasle, à Tomblaine | M. Thiry (Louis), *idem*. |
| Nièvre | Corbigny | M. Pairemaure, *idem*. |
| Nord | Wagnonville | M. Tandart, *idem*. |
| Pas-de-Calais | Berthonval | M. Malpeaux, *idem*. |
| Pyrénées (Hautes-) | Villembits | M. Bernard, *idem*. |
| Rhône | Écully | M. Buquet, *idem*. |
| Saône-et-Loire | Fontaines | M. Gouillon, *idem* |
| Somme | Paraclet | M. Leymarie, *idem*. |
| Var | Hyères | M. Foussat, *idem*. |
| Vendée | Petré, à Sainte-Gemme | M. Touchard, *idem*. |
| Yonne | La Brosse | M. Moreau, *idem*. |
| Algérie | Philippeville | M. François, *idem*. |

---

École professionnelle de laiterie de Surgères (Charente-Inf.) : M. Dornic ✻, *directeur*.
École pratique de laiterie de Kerliver, par Le Faou (Finistère) : Mlle Couturier, *directrice*.
École pratique de laiterie de Coëtlogon, près Rennes (Ille-et-Vilaine) : Mme V[ve] Bodin, *directrice*.
École pratique de laiterie de Poligny (Jura) : M. Friant, *directeur*.
École pratique et professionnelle d'agricult. de Sartilly (Manche) : M. Leblanc, *directeur*.
École primaire agricole Descomtes, à Ménil-la-Horgne, par Void (Meuse) : M. Richard, *directeur*.
École pratique d'aviculture de Gambais (Seine-et-Oise) : M. Roullier ✻ (I), *directeur*.
Orphelinat agricole Rayer, à Anctoville (Calvados) : M. Duterque, *profess. d'agricult.*
École d'agriculture d'hiver au collège de Langres (Haute-Marne) : M. Rivière, *directeur*.

---

## FERMES-ÉCOLES.

Les fermes-écoles, organisées en vertu de la loi du 3 octobre 1848 et de celle du 30 juillet 1875, sont des établissements d'apprentissage pour les enfants des familles d'ouvriers ruraux. Les apprentis y exécutent tous les travaux, recevant, en même temps qu'un enseignement agricole essentiellement pratique, une rémunération de leur travail par une prime de sortie établie d'après leur rang de classement, et qui, en aucun cas, ne peut excéder 300 fr.

Les fermes-écoles ont pour but de former d'habiles cultivateurs praticiens, capables, soit d'exploiter avec intelligence leur propriété, soit de cultiver la propriété d'autrui comme fermiers, métayers, régisseurs, soit enfin de devenir de bons aides ruraux, commis de ferme, contremaîtres, chefs de main-d'œuvre ou d'attelage.

Le nombre des apprentis est fixé par l'arrêté constitutif de la ferme-école, mais il ne peut descendre au-dessous de vingt-quatre. Pour être admis, les apprentis doivent être âgés de seize ans révolus. Le temps de séjour à la ferme-école est de deux ou trois années, et, pendant ce temps, les apprentis ne coûtent absolument rien à leurs parents. Une allocation de 270 fr. par apprenti est attribuée au directeur de l'établissement. Cette allocation et les primes des apprentis sont acquittées par l'État.

Le personnel enseignant est également payé par l'État. Il se compose de : un directeur ; un instituteur surveillant-comptable ; un jardinier-pépiniériste ; un chef de pratique agricole ; un vétérinaire et un instructeur militaire.

Les fermes-écoles sont soumises au contrôle de l'inspection de l'agriculture.

| DÉPARTEMENTS. | ARRONDISSEMENTS. | FERMES-ÉCOLES. | DIRECTEURS. MM. |
|---|---|---|---|
| *Ariège* . . . . . . . . | Pamiers. | Royat. | Joffres. |
| *Cher* . . . . . . . . . | Saint-Amand. | Laumoy. | Pallienne. |
| *Corrèze* . . . . . . . | Ussel. | Les Plaines. | Chabrol. |
| *Gers* . . . . . . . . . | Auch. | La Hourre. | N... |
| *Vienne* . . . . . . . . | Poitiers. | Montlouis. | De Larclause ✻. |
| *Vienne (Haute-)* . . . | Limoges. | Chavaignac. | De Bruchard. |

---

Écoles de fromagerie à Maillat (Ain).

Fruitières-écoles à Pringy, à Seyssel, à Villard-sur-Boëge (Haute-Savoie), à Valloires, au Châtelard, à Bourg-Saint-Maurice (Savoie).

Station d'industrie laitière et école professionnelle de laiterie, à Surgères (Charente-Inférieure).

Magnanerie-école à Aubenas (Ardèche).

---

## DIRECTEURS DÉPARTEMENTAUX DES SERVICES AGRICOLES.

| | *Professeurs.* MM. |
|---|---|
| Ain (Bourg) . . . . . | N... |
| Aisne (Laon) . . . . | Bouillot, dir. prov. |
| Allier (Moulins) . . . | Dupont. |
| Alpes (Bass.-) (Digne). | Fondard. |
| Alpes (Hautes-) (Gap). | Grand. |
| Alpes-Marit. (Nice) . . | Belle (A). |
| Ardèche (Privas) . . . | Boiret. |
| Ardennes (Charleville) | N... |
| Ariège (Foix) . . . . | Guy. |
| Aube (Troyes). . . . | Guille, adj. prov. |
| Aude (Carcassonne) . | Barbut (O ✻, A). |
| Aveyron (Rodez) . . . | Marre (A). |
| Bouches-du-Rhne (Aix) | de Laroque (A). |
| Calvados (Caen) . . . | Hédiard. |
| Cantal (Aurillac) . . . | N... |
| Charente (Angoulême) | Prioton. |
| Charente-Inf. (Lagord) | Sarazin. |
| Cher (Bourges) . . . . | Rabaté. |
| Corrèze (Tulle) . . . . | Fleckinger. |
| Corse (Ajaccio). . . . | Corteggiani, adj. p. |
| Côte-d'Or (Dijon) . . . | Jouvet ✻. |
| C.-d.-Nord (St-Brieuc) | Sévegrand. |
| Creuse (Guéret). . . . | N... |
| Dordogne (Périgueux) | Lecomte. |
| Doubs (Besançon). . . | Rousset. |
| Drôme (Valence) . . . | Cadoret. |
| Eure (Évreux). . . . . | Bourgne (A). |
| Eure-et-Loir (Chartres) | Garola (✻, A). |
| Finistère (Quimper) . | Soulière. |
| Gard (Nîmes) . . . . . | Convergne. |
| Garonne (H.-) (Toulouse) | Carré (Auguste). |
| Gers (Auch) . . . . . . | Verdié (A). |
| Gironde (La Gr.-Sauve) | Lafforgue. |
| Hérault (Montpellier). | Pasquet. |
| Ille-et-Vilaine (Rennes) | Pic. |
| Indre (Châteauroux) . | Bonafé. |
| Indre-et-Loire (Loches) | Martin (I). |

| | *Professeurs.* MM. |
|---|---|
| Isère (Grenoble) . . . | Rougier. |
| Jura (Lons-le-Saunier). | Perette. |
| Landes (Mont-d.-Mars.) | Cassarini. |
| Loir-et-Cher (Blois) . . | Vezin. |
| Loire (Saint-Étienne). | Blanchard. |
| Loire (Haute-) (Le Puy) | Métayer. |
| Loire-Inf. (Savenay) . | Danguy. |
| Loiret (Orléans). . . . | Donon. |
| Lot (Cahors) . . . . . | Douaire. |
| Lot-et-Garonne (Agen) | N... |
| Lozère (Mende). . . . | Tardy. |
| Maine-et-Loire (Angers) | Morain. |
| Manche (Saint-Lô) . . | N... |
| Marne (Châlons). . . . | Lebrun. |
| Marne (H.-) (Chaumont) | Collas, adj. prov. |
| Mayenne (Laval) . . . | Masseron. |
| Meurt.-et-Mos. (Nancy) | Carillon. |
| Meuse (Bar-le-Duc) . . | Robert. |
| Morbihan (Vannes). . | Petit. |
| Nièvre (Varzy) . . . . | Girard. |
| Nord (Lille) . . . . . | Ducloux. |
| Oise (Beauvais) . . . . | Leroux (Th.) ✻, (A). |
| Orne (Alençon). . . . | N... |
| Pas-de-Calais (Arras) . | Tribondeau. |
| Puy-de-Dôme (Clerm.) | Gillin. |
| Pyrénées (Bas.-) (Pau). | Breil. |
| Pyrénées (H.-) (Tarbes) | Boué ✻. |
| Pyrénées-Or. (Perpign.) | Ruby. |
| Rhin (Ht-) (Belfort). | Hézard (A), c. de la dir. |
| Rhône (Écully). . . . | Ponsart. |
| Saône (Hte-) (Vesoul). | Fourrier. |
| Saône-et-Loire (Mâcon) | Laprugne. |
| Sarthe (Le Mans) . . . | Régnier. |
| Savoie (Albertville) . . | Cadoret (Arthur). |
| Savoie (H.-) (Bonneville). | Jeannin, dir. prov. |
| Seine (Paris). . . . . | Vincey ✻ (A). |
| Seine-Infér. (Rouen) . | Labounoux. |

| | | | |
|---|---|---|---|
| Seine-et-Mar. (Melun). | Braye, adjoint prov. | Vendée (La Roc.-s.-Y.) | Bigue. |
| Seine-et-Oise (Vers.). | Buche. | Vienne (Poitiers) . . . | Castex. |
| Sèvres (D.-) (Parthenay) | Rozeray ✻ (I A). | Vienne (H^te-) (Limoges) | Reclus ✻ (I A). |
| Somme (Amiens) . . . | Jourdain ✻. | Vosges (Mirecourt) . . | Adam. |
| Tarn (Albi). . . . . . . | Muff. | Yonne (Auxerre) . . . | N... |
| Tarn-et-Gar. (Montaub.) | Demarty. | Alger . . . . . . . . | N... |
| Var (Draguignan). . . | Servin. | Constantine . . . . . | Perruchot. |
| Vaucluse (Avignon). . | Zacharewicz ✻ (I A). | Oran. . . . . . . . . | Vermeil. |

---

## LISTE DES PROFESSEURS D'AGRICULTURE DANS LES ARRONDISSEMENTS.

|  |  |  |
|---|---|---|
| Ain . . . . . . . | Nantua . . . . . . . . . . . | MM. Valeix. |
| | Gex . . . . . . . . . . . . | Garapon. |
| | Belley . . . . . . . . . . . | Pellissier. |
| Aisne . . . . . . | Châtillon-sur-Chalaronne . . | Le Monnier. |
| | Château-Thierry . . . . . . | Hoc. |
| | Vervins . . . . . . . . . . | Béranger. |
| Allier . . . . . . | Montluçon . . . . . . . . . | Avignon. |
| | Gannat . . . . . . . . . . . | N... |
| Alpes (Basses-) . . | Manosque . . . . . . . . . | Niquet. |
| Alpes-Maritimes . . | Cannes. . . . . . . . . . . | Platon. |
| Ardèche. . . . . . | Largentière. . . . . . . . . | Serret. |
| | Bourg-Saint-Andéol . . . . . | N... |
| | Tournon . . . . . . . . . . | Bernard (Luc). |
| | Aubenas . . . . . . . . . . | Munttviller. |
| Aube . . . . . . . | Troyes. . . . . . . . . . . | Garnier. |
| | Bar-sur-Aube . . . . . . . . | Fasquelle. |
| | Bar-sur-Seine. . . . . . . . | Longequeue. |
| Aude . . . . . . . | Narbonne. . . . . . . . . . | Dupuy. |
| | Castelnaudary . . . . . . . | Mahoux. |
| Aveyron. . . . . . | Villefranche . . . . . . . . | Gèze. |
| Bouches-du-Rhône . | Aix . . . . . . . . . . . . | Montagard (Paul). |
| | Arles . . . . . . . . . . . | Amalbert. |
| | Marseille. . . . . . . . . . | Bonnet. |
| Calvados. . . . . . | Bayeux. . . . . . . . . . . | Sarraillé. |
| Charente. . . . . . | Barbezieux. . . . . . . . . | N... |
| | Ruffec . . . . . . . . . . . | Penigaud. |
| | Confolens . . . . . . . . . | Coirard. |
| Charente-Inférieure. | Saintes . . . . . . . . . . | Perrier de La Bathie. |
| | Saint-Jean-d'Angély . . . . | Guyonnet. |
| Cher. . . . . . . . | Sancerre . . . . . . . . . . | Chavard. |
| | Saint-Amand . . . . . . . . | Martin. |
| Corrèze . . . . . . | Brive . . . . . . . . . . . | Guille. |
| | Uzerche . . . . . . . . . . | N... |
| Corse . . . . . . . | Bastia . . . . . . . . . . . | Donati. |
| | Corte . . . . . . . . . . . | Corteggiani. |
| Côte-d'Or . . . . . | Châtillon-sur-Seine . . . . | Faasse. |
| | Dijon . . . . . . . . . . . | Vercier. |
| | Nolay . . . . . . . . . . . | Braye. |
| | Semur . . . . . . . . . . . | Arnal. |
| Côtes-du-Nord . . . | Dinan . . . . . . . . . . . | Pérès. |
| | Guingamp . . . . . . . . . | Ménard. |
| | Loudéac . . . . . . . . . . | Jaffré. |
| Dordogne . . . . . | Nontron . . . . . . . . . . | N... |
| Doubs. . . . . . . | Montbéliard . . . . . . . . | George (*a. à la dir. dép.*). |
| | Pontarlier . . . . . . . . . | Sarrade. |
| Drôme. . . . . . . | Valence . . . . . . . . . . | Desmoulins (*a. à la d. d.*). |
| | Die . . . . . . . . . . . . | Coste. |
| | Nyons . . . . . . . . . . . | Dumont (Théodore). |
| | Montélimar . . . . . . . . . | Féraud. |
| Eure . . . . . . . . | Bernay. . . . . . . . . . . | Gruet. |
| Eure-et-Loir . . . . | Chartres . . . . . . . . . . | Franc (*a. à la dir. dép.*). |
| | Dreux . . . . . . . . . . . | Allard. |
| Gard. . . . . . . . | Alais. . . . . . . . . . . . | Mozziconacci. |
| | Nîmes . . . . . . . . . . . | Du Grès (*a. à la d. dép.*). |
| | Bagnols-sur-Cèze . . . . . . | Montagard (Clovis). |

|  |  |  |
|---|---|---|
| Garonne (Haute-) | Toulouse | MM. Deumié. |
| | Saint-Gaudens | Vieules. |
| | Villefranche | Serin. |
| Gers | Condom | Bourdel. |
| | Mirande | Jaguenaud. |
| | Lectoure | Barnel. |
| Gironde | Blanquefort | N... |
| | La Réole | Lafont. |
| | Libourne | Dupas. |
| Hérault | Montpellier | Cabane (*a. à la dir. dép.*). |
| Ille-et-Vilaine | Dol | Le Corre. |
| | Redon | Éveno (*a. à la dir. dép.*). |
| | Vitré | Fau. |
| Indre | La Châtre | Boisjot. |
| Indre-et-Loire | Chinon | Delorme. |
| Isère | Saint-Marcellin | Bernard (Achille). |
| | Grenoble | N... |
| | Vienne | Caille (✪A). |
| | La Tour-du-Pin | Richard. |
| Jura | Arbois | Jeannin. |
| | Saint-Claude | N... |
| | Dôle | Grandjean. |
| Loir-et-Cher | Romorantin | Barrau. |
| | Vendôme | Leblanc. |
| Loire | Roanne | Rocher. |
| Loire (Haute-) | Brioude | Michon. |
| Loiret | Orléans | Piégard (Léon). |
| | Gien | Léger (Alex.). |
| | Pithiviers | Urçat. |
| Lot | Figeac | Pézet. |
| Lot-et-Garonne | Marmande | Soursac. |
| | Agen | Bernès, *adj. à la chaire départementale*. |
| Lozère | Florac | Quet. |
| Maine-et-Loire | Saumur | Bacon. |
| Manche | Avranches | Vetel. |
| Marne | Reims | Moreau (Camille). |
| | Épernay | Dépuiset. |
| Marne (Haute-) | Langres | Rivière (Stanislas). |
| | Joinville | Philippe. |
| | Fayl-Billot | Leroux (Eugène). |
| Mayenne | Château-Gontier | Roux. |
| Meurthe-et-Moselle | Toul | Gioux. |
| | Lunéville | Luc. |
| Meuse | Montmédy | Simonot. |
| | Verdun | N... |
| Morbihan | Lorient | Hidoux. |
| Nièvre | Château-Chinon | N... |
| Nord | Avesnes | Lecomte. |
| | Cassel | Guignot. |
| | Cambrai | Dumont (Rémi). |
| | Lille | N... |
| | Valenciennes | Vallez. |
| Oise | Beauvais | Lefèvre (*a. à la dir. dép.*). |
| Orne | Argentan | Louvel. |
| Pas-de-Calais | Boulogne-sur-Mer | Girault. |
| | Montreuil | Pérot. |
| | Béthune | Duflos. |
| | Saint-Omer | Leteneur. |
| | Saint-Pol | Demazure. |
| Puy-de-Dôme | Clermont-Ferrand | Layé, Hommel (✪A). |
| | Issoire | Geneste. |
| | Clermont-Ferrand | Veyret (*a. à la dir. dép.*). |
| | Riom | Lavoine. |
| Pyrénées (Hautes-) | Vic-en-Bigorre | Tourte. |
| Rhône | Villefranche | Chauzit. |
| Saône-et-Loire | Charolles | Gondet. |
| | Chalon-sur-Saône | Gay. |
| | Louhans | Duc. |

| | | |
|---|---|---|
| Haute-Saône | Gray | MM. Charbonnel. |
| Sarthe | Mamers | Lestant. |
| | La Flèche | N... |
| | Saint-Calais | Illand. |
| Savoie | Albertville | Savin. |
| Savoie (Haute-) | Bonneville | Bellet. |
| | Thonon | Dessalle. |
| | Saint-Julien | Guilhermet. |
| Seine-Inférieure | Neufchâtel | Texier. |
| | Rouen | Vinet (*ad. à la dir. dép.*). |
| | Yvetot | Bricaud. |
| Seine-et-Marne | Fontainebleau | Joubert. |
| | Meaux | Avenel. |
| | Melun | Magnien. |
| Seine-et-Oise | Dourdan | Montgobert. |
| | Étampes | Coulpier. |
| | Pontoise | Laneuville. |
| Sèvres (Deux-) | Bressuire | Léger (François). |
| Somme | Amiens | Renault. |
| Tarn | Gaillac | Reillat. |
| | Albi | Prot (*ad. à la dir. dép.*). |
| Tarn-et-Garonne | Castelsarrasin | Leygue. |
| | Montauban | Bachala. |
| | Moissac | Nègre. |
| Var | Brignoles | Edoux. |
| | Toulon | Sénéquier. |
| Vaucluse | Valréas | Dussert. |
| | Pertuis | Jean. |
| Vendée | La Roche-sur-Yon | Manciet (*adj. à la dir. départementale*). |
| Vienne | Châtellerault | Chauvet. |
| | Civray | Laforest. |
| | Montmorillon | Pironnet. |
| | Loudun | Garnier. |
| Vosges | Mirecourt | Boullé. |
| | Saint-Dié | Bonnefont. |
| Yonne | Avallon | Revirieux. |
| | Joigny | Merle. |
| | Auxerre | Collard (*a. à la dir. dép.*). |
| | Sens | Poirat. |
| | Tonnerre | Gandon. |
| Oran | Sidi-bel-Abbès | Isman. |
| | Mostaganem | Manquené. |
| Constantine | Sétif | N... |
| | Bône | Meyer. |
| | Batna | Fauré. |
| | Guelma | Suisse. |

## STATIONS AGRONOMIQUES ET LABORATOIRES AGRICOLES.

(Ressortissant à la Direction de l'Enseignement et des Services agricoles.)

| | | |
|---|---|---|
| Bouches-du-Rhône | Marseille (service de l'oléiculture) | MM. N..., directeur.<br>N..., professeur d'agriculture. |
| Cantal | Olmet (station laitière) | N... |
| Hérault | Stations ou laboratoires annexés à l'Éc. nation. d'agric. de Montpellier : | |
| | Station séricicole | Lambert, directeur.<br>N..., préparateur. |
| | Station de recherches chimiques et d'analyses agr. | Lagatu, ch. de la direct.<br>Sicard, chimiste chef. |
| | Laborat. de technologie | Bouffard, ch. de la direct.<br>Dupont, ch. des préparat.<br>Ventre, préparateur. |

|  |  |  |
|---|---|---|
| Hérault | Station d'essais de semenc. | Degrully ✻, ch. de la dir. Vidal, ch. des préparat. |
| | Station de recherches viticoles | Ravaz, ch. de la direct. N..., ch. des préparat. |
| | Station de physiologie et de pathologie végétales. | Boyer, ch. de la direct. N..., préparateur. |
| | Station du génie rural | Ferrouillat ✻ (✪ A), dir. N..., chef des travaux. N..., préparateur. |
| Ille-et-Vilaine | Stations annexées à l'École nationale d'agriculture de Rennes : | |
| | Station de chimie agricole. | Pailheret (✪ A), chargé de la direction. Bordas, préparateur. |
| | Station de recherches techniques | N..., chargé de la direction. Routaix, préparateur. |
| | Station de recherches agronomiques et d'essais de semences | Parisot, ch. de la direct. Miège, préparateur. |
| | Station de physiologie et de pathologie végétales | Ducomet (✪ A), chargé de la direction. Duboys, préparateur. |
| | Station de physiologie animale | Ledoux, ch. de la direct. Paradis, préparateur. |
| Seine | Paris (machines) | Ringelmann ✻. |
| Seine-et-Oise | Grignon (station agronomique annexée à l'École nationale d'agriculture). | Dumont (✪ A), directeur. Aurousseau, préparateur. |
| | Grignon (station de physiologie et de pathologie végétale annexée à l'École nationale d'agriculture. | N..., directeur. N..., préparateur. |
| | Grignon (station de physique et de chimie biologique annexée à l'École nationale d'agriculture) | Mamelle (H.) [✪ A], dir. Ponscarme, préparateur. |
| | Laboratoire de microbiologie | Ammam, directeur. N..., préparateur. |
| | Versailles | Rivière ✻. |
| | Versailles (recherches horticoles) | Petit. |

### BERGERIES NATIONALES.

|  |  |
|---|---|
| Bergerie et école des bergers de Rambouillet (Seine-et-Oise) | M. Coutte, *directeur*. |
| Bergerie et école des bergers de Moudjebeur (Algérie) | M. Gouput, *régisseur*. |

## Services extérieurs ressortissant à la Direction générale des Eaux et Forêts.

### INSPECTION GÉNÉRALE DES EAUX ET FORÊTS.

MM. Bénardeau (O ✻, ✪ I), inspecteur général à Paris.
Lafosse (O ✻, ✪ I), inspecteur général à Paris.

### ÉCOLE NATIONALE DES EAUX ET FORÊTS, *à Nancy*.

(Siège provisoire à Paris, 16, rue Claude-Bernard.)

Cette école, fondée en 1824, a surtout pour but de recruter les fonctionnaires supérieurs du service des eaux et forêts. Elle admet également à ses cours des auditeurs libres français et étrangers.

Les élèves de l'École nationale des Eaux et Forêts se recrutent parmi les élèves diplômés de l'Institut national agronomique et parmi les élèves sortant de l'École polytechnique. — Leur nombre ne peut être supérieur à dix-huit par an.

Ils reçoivent un traitement de 1 200 fr. par an, mais ils ont à verser : 1° en entrant, 1 200 fr. pour frais d'équipement et achat d'instruments ; 2° chaque année, une somme de 600 fr. pour frais d'excursion, etc.

L'enseignement est à la fois théorique et pratique et a une durée de deux années. L'enseignement théorique se donne du 15 octobre au 1er mai ; les exercices pratiques se font du 1er mai au 15 juillet, et les examens généraux ont lieu du 15 juillet au 15 août.

En vertu de la loi du 7 août 1913, les élèves admis à l'École forestière de Nancy contractent un engagement de huit années au service de l'État. Ils sont versés, chacune des deux premières années, pendant deux mois, dans un corps de troupe, à la date du 1er août, pour y servir, la première année comme soldat, la deuxième comme sous-officier et participer aux grandes manœuvres. Ils font deux ans de service, à leur sortie de l'école, comme sous-lieutenants de réserve.

Les élèves qui ont satisfait aux examens de sortie de l'école sont nommés gardes généraux des Eaux et Forêts.

Les auditeurs libres de nationalité française sont externes et les étrangers ne sont admis comme externes ou internes qu'en vertu d'une autorisation du ministre de l'agriculture, sur la présentation des ministres plénipotentiaires de leur nation. (Arrêtés ministériels des 30 octobre 1893 et 21 janvier 1910.)

*Directeur.* — M. Vivier ✻ (🙰 I).

*Sous-directeur.* — M. Huffel ✻ (🙰 I).

*Professeurs.* MM.
- Huffel ✻ (🙰 I), sous-directeur.
- Lapie, inspecteur.
- Vivier (🙰 I), directeur.
- Bernard (C. J. M.) [✻, 🙰 A], professeur.
- Cretin, inspecteur.
- Jolliet, professeur.
- Guinier, inspecteur, ch. de c.
- Tibal, professeur.

M. Réal, chef de bataillon, instructeur en chef .......... } *Instructeurs militaires.*
M. Pompey, capitaine adjoint .......... }

M. Drouin de Bouville (🙰 A), inspecteur .......... } *Membres de la Station de recherches et d'expériences.*
M. Cuif ✻ (🙰 A), *idem* .......... }
M. Boppe, inspecteur adjoint .......... }

M. Schmitt ✻, *agent comptable.*

---

## ÉCOLES D'ENSEIGNEMENT TECHNIQUE ET PROFESSIONNEL ET ÉCOLE SECONDAIRE DES BARRES.

[Domaine des Barres-Vilmorin, à Nogent-sur-Vernisson (Loiret).]

Les décrets du 14 janvier 1888 et du 8 juin 1914 ont institué, au domaine des Barres :

1° Une école d'enseignement technique et professionnel des eaux et forêts ; 2° une école secondaire forestière.

### 1° ÉCOLE D'ENSEIGNEMENT TECHNIQUE ET PROFESSIONNEL DES EAUX ET FORÊTS.

Cette école a pour but de donner aux préposés des eaux et forêts, brigadiers ou gardes, toutes les connaissances d'ordre technique ou professionnel qui leur sont nécessaires pour exercer leurs fonctions.

Elle peut aussi recevoir des auditeurs libres français et étrangers.

L'admission à l'école d'enseignement technique et professionnel des Barres a lieu par voie de concours. Ne peuvent se présenter que les préposés âgés de moins de trente-trois ans au 1er janvier et installés dans leurs fonctions avant le 1er mai de l'année du concours.

La durée des études est de dix mois. L'enseignement technique, professé à l'école, est complété par un enseignement professionnel donné sur le terrain.

Les préposés compris au classement de sortie recevront un certificat de fin d'études délivré par le directeur général. Ils bénéficieront d'une majoration de 100 points aux examens d'entrée à l'école secondaire des Barres.

Les auditeurs libres qui auront suivi entièrement et dans les mêmes conditions les cours et exercices et subi les mêmes épreuves que les préposés élèves pourront également recevoir un certificat d'études. Ce certificat ne leur crée aucun titre à un emploi quelconque dans l'administration.

2° ÉCOLE SECONDAIRE D'ENSEIGNEMENT FORESTIER PROFESSIONNEL.

L'école secondaire d'enseignement forestier professionnel est destinée à faciliter aux préposés l'accès au grade de garde général. Le nombre des élèves reçus chaque année ne peut être supérieur à huit.

Ne peuvent être admis à concourir que les préposés ayant trois ans de service actif et moins de trente-cinq ans d'âge.

Les candidats admis à l'école reçoivent, s'ils ne l'ont déjà, le grade de brigadier et en touchent le traitement pendant leur séjour à l'école. Les brigadiers élèves mariés ou veufs avec enfants reçoivent, en outre, une indemnité de 300 fr.

Les élèves qui ont satisfait aux épreuves de sortie sont nommés gardes généraux stagiaires; ils reçoivent une indemnité, dite *de première mise*, de 300 fr.

Des élèves étrangers peuvent être admis comme internes à cette école dans les conditions déterminées par l'arrêté ministériel du 30 septembre 1903.

ADMINISTRATION.

M. Delavaivre ✻ (✿I), *conservateur-directeur*.

ENSEIGNEMENT.

MM.

Delavaivre ✻ (✿I).
Camus, *inspecteur*.
Villenave, *inspecteur adjoint*.
Coulon.
Guyot (✿A).
Bernay, lieutenant, *instructeur militaire*.

## CONSERVATIONS DES EAUX ET FORÊTS (au nombre de 32).

PREMIÈRE CONSERVATION.

(Départements : Oise, Seine, Seine-et-Marne, Seine-et-Oise.)

M. Géneau ✻ (✿I), *conservateur*, rue Coëtlogon, 6, à Paris (VIe).

M. Roux, *garde général sédentaire*.

| | Résidences. | *Inspecteurs.* MM. | Résidences. | *Inspect. adjoints et Gardes généraux.* MM. |
|---|---|---|---|---|
| Oise... | Beauvais........ | N... | Senlis.......... | Rudault. |
| | Compiègne..... | Demorlaine (✿I). | Compiègne (*S.*). | Raux. |
| | — — | — — | Compiègne (*N.*). | N..., *garde gén.* |
| | — — | — — | Chantilly........ | Mangin. |
| S.-et-Oise.. | Rambouillet.... | Granger (✿A). | Rambouillet..... | Jagerschmidt ✻. |
| | Versailles...... | De Longueville (✿A). | Versailles....... | Coulon. |
| | Grands Parcs de St-Cloud et de Versailles...... | Chaplain ✻ (✿A). | Saint-Léger...... | Laurent. |
| | | | St-Germain...... | Salvat (✿A). |
| S.-et-Marne | Melun.......... | Hirsch. | Coulommiers..... | Volmerange, *g. gén.* |
| | Fontainebleau.. | Fossier ✻ (✿A). | Fontainebleau (*O.*).. | Sinturel. |

DEUXIÈME CONSERVATION.

(Départements : Calvados, Manche, Eure, Seine-Inférieure, Eure-et-Loir.)

M. Bertrand ✻, *conservateur*, à Rouen.

M. Regimbeau, *inspecteur adjoint sédentaire*.

| | | | | |
|---|---|---|---|---|
| Calvados.. | Bayeux.......... | Allotte (✿A). | — — | — — |
| Eure...... | Évreux.......... | Rabutté (✿A). | Louviers........ | Melin. |
| | Lyons-la-Forêt.. | Pintiau. | La Feuillie...... | Ladam (*O.*). |
| Seine-Inf... | — — | — — | Caudebec........ | N... |
| | Dieppe......... | Evrard. | Rouen (*R. G.*)... | Barbier de la Serre (*M. E.*). |
| | Rouen.......... | Belliard. | Rouen (*R. D.*)... | Gouilly. |
| | — — | — — | Neufchâtel. | Montariol. |
| | — — | — — | Blangy-s-Bresle. | Gatnet. |
| Eure-et-L.. | Senonches...... | Gravier (A.). | — — | — — |

## TROISIÈME CONSERVATION.

(Département : Côte-d'Or.)

M. Mathey ✱ (✿I), *conservateur*, à Dijon.

M. de Larminat (L. M. V.) [✿A], *inspecteur adjoint sédentaire.*

| | Résidences. | Inspecteurs, MM. | Résidences. | Inspecteurs adjoints et Gardes généraux, MM. |
|---|---|---|---|---|
| Côte-d'Or. | Beaune | Rimaud. | Arnay-le-Duc | Thuillier ✱. |
| | Châtillon-s.-Seine (*Nord*) | Masson. | Recey-s.-Ource | Jacques. |
| | (*Sud*) | N... | Châtill-s.-Seine | Barbas, *garde gén.* |
| | Dijon | Viney. | Dijon (*Est*) | Monnin. |
| | Dijon | De Larminat. | Dijon (*Nord*) | Gaudry. |
| | Dijon (*Ouest*) | Gourier. | — — | — — |
| | Semur | Delacourcelle (✿A). | Nuits | Hirschauer, *g. gén.* |
| | — — | — — | Montbard | Rouast. |
| | — — | — — | Recey-sur-Ource (*Sud*) | N..., *garde gén.* |
| | — — | — — | Auxonne | N... |
| | — — | — — | Saulieu | Gey, *garde gén.* |

## QUATRIÈME CONSERVATION.

(Département : Meurthe-et-Moselle.)

M. Deroye (✿I), *conservateur*, à Nancy.

M. N..., *inspecteur adjoint sédentaire.*

| | Résidences. | Inspecteurs, MM. | Résidences. | Inspecteurs adjoints et Gardes généraux, MM. |
|---|---|---|---|---|
| Meurthe-et-Moselle. | Briey | Saur ✱ (✿A). | Longuyon | Noël ✱. |
| | Lunéville (*Nord*) | Cardot (F. P.) ✱. | Lunéville | George. |
| | — — | — — | Baccarat | Sérot. |
| | Nancy (*Nord*) | Lacroix ✱. | Pont-à-Mousson | Guyot, *garde gén.* |
| | Nancy (*Sud*) | Rodolphe ✱ (✿A). | Nancy (*Ouest*) | Perrin ✱. |
| | — — | — — | Vézelise | Boppe (P. L. L.). |
| | Toul | Boppe (J.). | Toul | Desprès et Launois. |
| | — — | — — | Cirey | Fade, *garde gén.* |
| | — — | — — | Noviant-aux-Prés | N... |

## CINQUIÈME CONSERVATION.

(Départements : Savoie, Haute-Savoie.)

M. Jolly, *conservateur*, à Chambéry.

M. N..., *garde général sédentaire.*

| | Résidences. | Inspecteurs, MM. | Résidences. | Inspecteurs adjoints et Gardes généraux, MM. |
|---|---|---|---|---|
| Savoie | Albertville | Jourdan-Laforte. | Albertville (*O.*) | Lambert ✱, *g. gén.* |
| | Chambéry | Grimal ✱ (✿A). | Chambéry | Passebois. |
| | — — | — — | Aix-les-Bains | Vaultrin ✱. |
| | — — | — — | Bourg-St-Maurice | Desmoulins, *g. gén.* |
| | Moutiers | Dalliet. | Moutiers | Lesconel, *g. gén.* |
| | — — | — — | Aiguebelle | Borges. |
| | — — | — — | Modane | N... |
| | St-Jean-de-Maur. | Armand (E. T.). | St-Jean-de-Maur. | Lefranc. |
| Hte-Savoie. | Annecy | Lachat. | Annecy (*O.*) | Mantelier. |
| | Bonneville | Gauthron (✿A). | Annecy (*E.*) | Royer. |
| | — — | — — | Bonneville | N... |
| | Thonon | Sornay. | Thonon | Rebet. |
| | | | — — | Kreitmann ✱, *garde gén.* |
| | — — | — — | Sallanches | N... |
| | — — | — — | Taninges | N... |
| | — — | — — | Saint-Julien | Loppinet ✱, *g. gén.* |

## SIXIÈME CONSERVATION.

(Départements : Ardennes, Marne.)

M. Lombard, *conservateur*, à Charleville.

M. N..., *garde général sédentaire*.

| | Résidences. | *Inspecteurs*, MM. | Résidences. | *Inspect. adjoints et Gardes généraux*, MM. |
|---|---|---|---|---|
| Ardennes | Charleville | Christophe. | Monthermé | Martin (J. B. A.), *g. g.* |
| | Vouziers | Rigoigne. | Signy-l'Abbaye | Dupuy. |
| | Rocroi | Ladam (L. J.) | Fumay | Thomas, *garde gén.* |
| | Sedan | Henriquet (J. M.). | Sedan | Collet. |
| Marne | Épernay | N... | Sézanne | Coulaux (✪A). |
| | Ste-Menehould | Margaine. | Vitry-le-François | Bassuel. |

## SEPTIÈME CONSERVATION.

(Départements : Aisne, Nord, Pas-de-Calais, Somme.)

M. De Cussac ✻, *conservateur*, à Amiens.

M. Cuginaud, *garde général sédentaire*.

| | Résidences. | *Inspecteurs*, MM. | Résidences. | *Inspect. adjoints et Gardes généraux*, MM. |
|---|---|---|---|---|
| Aisne | — — | — — | Laon | Vantroys ✻. |
| | — — | — — | Hirson | Gannevat, *g. gén.* |
| | Laon | Châtelain. | Saint-Gobain | Savreux. |
| | Villers-Cotterets. | De Lignières ✻. | Villers-Cotterets (*N.*) | Laurent, *insp. adj.* |
| | | | — (*S.*) | Ordioni, *g. gén.* |
| Nord | Le Quesnoy | Casalis. | Valenciennes | Rabouille. |
| | Lille | de Monchy. | Avesnes | N... |
| Pas-de-Cal. | Boulogne-s.-Mer | Badré (J.). | Boulogne-s.-Mer | Korn. |
| Somme | — — | — — | Abbeville | Gelin. |

## HUITIÈME CONSERVATION.

(Départements : Aube, Yonne.)

M. Perdrizet (A.) ✻ [✪I], *conservateur*, à Troyes.

M. Lemesle, *inspecteur adjoint sédentaire*.

| | Résidences. | *Inspecteurs*, MM. | Résidences. | *Inspect. adjoints et Gardes généraux*, MM. |
|---|---|---|---|---|
| Aube | Bar-sur-Aube | De Bazelaire de Lesseux. | — — | — — |
| | Bar-sur-Seine | Jauffret. | Bar-sur-Seine (*S.*) | Bourcelot. |
| | Troyes | Doé. | Troyes (*O.*) | Surchamp. |
| Yonne | Auxerre (*N.*) | Huet. | Auxerre (*S.*) | Guillot. |
| | Avallon (*S.*) | N... | Avallon (*N.*) | De Lemps. |
| | Sens | Alan. | Joigny | Ellie, *garde gén.* |
| | Tonnerre | Mougeot. | Tonnerre (*Nord*) | Sergent. |

## NEUVIÈME CONSERVATION.

(Département : Vosges.)

M. Schlumberger ✻ (✪A), *conservateur*, à Épinal.

M. N..., *inspecteur adjoint sédentaire*.

| | Résidences. | *Inspecteurs*, MM. | Résidences. | *Inspect. adjoints et Gardes généraux*, MM. |
|---|---|---|---|---|
| Vosges | Bruyères (*O.*) | Gerberon. | Bruyères (*E.*) | Pognon. |
| | Darney | George. | Darney (*E.*) | Deschaseaux, *g. g.* |
| | Épinal | Corbin. | Épinal | Rathouis. |
| | Mirecourt | Claudot (✪I). | Châtel-sur-Moselle | N... |
| | Neufchâteau | Viardin. | Neufchâteau (*N.*) | Étienne, *garde gén.* |
| | Neufchâteau (*S.*) | Potel. | Lamarche | Thanron, *g. gén.* |
| | Rambervillers | N... | Rambervillers (*O.*) | Jacquot. |
| Vosges | — — | — — | Cornimont | Valentin, *g. gén.* |
| | Remiremont (*N.*) | Dieterlen. | Remiremont (*S.*) | Mellon ✻. |
| | Remiremont | Noisette ✻. | Le Thillot | Marc. |
| | Saint-Dié | Cornefert ✻. | Saint-Dié (*Ouest*) | Boulangé. |
| | — — | — — | Saint-Dié (*Est*) | Pascaud. |
| | — — | — — | Gérardmer | Ferry (C. J.). |
| | — — | — — | Raon-l'Étape | N... |
| | — — | — — | Bains | N... |
| | Fraize | Ingold. | Fraize | Valentin, *g. gén.* |
| | Senones | Duplessis. | Senones | N... |

## DIXIÈME CONSERVATION.

(Département : Hautes-Alpes.)

M. Müller (J. A.), *conservateur*, à Gap.

M. Ferry (E. A.), *inspecteur adjoint sédentaire.*

| | Résidences. | Inspecteurs. MM. | Résidences. | Inspect. adjoints et Gardes généraux MM. |
|---|---|---|---|---|
| Htes-Alpes.. | Briançon ....... | d'Alverny. | Briançon (*Nord*). | Lefèvre, *garde gén.* |
| | | | — (*Sud*). | Comte. |
| | Embrun ........ | Répiton-Préneuf. | Embrun (*Sud*)... | André, *garde gén.* |
| | — — | — — | Embrun (*Nord*).. | N... |
| | Gap (*Ouest*)..... | Mallein. | Gap (*Ouest*)...... | Hayaux. |
| | Gap (*Est*)....... | Desgruelles. | Gap (*Est*)....... | Reynaud (O. C.). |
| | — — | — — | Gap (*Sud*)....... | Sergent ✻, *g. gén.* |
| | — — | — — | Saint-Bonnet.... | Blain, *garde gén.* |
| | — — | — — | Guillestre....... | N... |
| | — — | — — | Serres.......... | N... |
| | — — | — — | Veynes......... | Bœuf, *garde gén.* |

## ONZIÈME CONSERVATION.

(Départements : Drôme, Vaucluse, Ardèche.)

M. Mougin (✪ A), *conservateur*, à Valence.

M. Colas des Francs, *inspecteur adjoint sédentaire.*

| | Résidences. | Inspecteurs. MM. | Résidences. | Inspect. adjoints et Gardes généraux MM. |
|---|---|---|---|---|
| Ardèche.. | Aubenas ....... | Boutière. | Aubenas......... | Vacquier, *g. gén.* |
| | Privas ......... | Riou. | Montpezat ...... | Blachère, *g. gén.* |
| | — — | — — | Antraigues...... | Ferrouillet, *g. g.* |
| | — — | — — | Largentière..... | Chasson. |
| | — — | — — | Bourg-St-Andéol. | Varin d'Ainvelle ✻, *g. g.* |
| Drôme .... | — — | — — | Luc............. | Fourney (✪ A). |
| | Die ........... | Brouilhet (✪ A). | Die (*Ouest*)...... | Grail, *garde gén.* |
| | — — | — — | Châtillon ....... | Pajot, *garde gén.* |
| | — — | — — | Lus-la-Croix-Hte. | Prayer, *garde gén.* |
| | Montélimar ..... | Lambert (G. H.). | Montélimar...... | N... |
| | — — | — — | Malaucène....... | Richaud. |
| | — — | — — | Nyons.......... | Moutte, *g. gén.* |
| | Valence........ | Dinner (✪ A). | Valence......... | André, *garde gén.* |
| | — — | — — | La Chapelle-en-Vercors. | Guyon, *garde gén.* |
| Vaucluse.. | Avignon........ | De Brun. | Apt............ | Durand (J.P.) ✻, *g. g.* |
| | — — | — — | Carpentras...... | Reynier ✻, *g. gén.* |
| | — — | — — | Cavaillon....... | N... |

## DOUZIÈME CONSERVATION.

(Département : Doubs.)

M. Grenier, *conservateur*, à Besançon.

M. Galland, *inspecteur sédentaire.*

| | Résidences. | Inspecteurs. MM. | Résidences. | Inspect. adjoints et Gardes généraux MM. |
|---|---|---|---|---|
| Doubs.... | — — | — — | Baume-les-Dames (*S.*). | Michaud. |
| | — — | — — | L'Isle-s.-l.-Doubs | Léchenaut. |
| | — — | — — | Ornans......... | Perrot. |
| | — — | — — | Le Valdahon .... | Cornefert, *g. gén.* |
| | Besançon (*Est*).. | Fron (✪ A). | Besançon (*Nord*) | Billecard (G. A.). |
| | Besançon (*Ouest*) | Prost (✪ A). | Besançon (*Ouest*). | N... |
| | Montbéliard..... | Boulanger. | Montbéliard..... | GarnIron. |
| | — — | — — | Maiche......... | Martin, *garde gén.* |
| | — — | — — | Mouthe......... | Truchet. |
| | — — | — — | Levier.......... | Fortier, *garde gén.* |
| | Pontarlier ...... | Bolard. | Pontarlier (*Nord*) | Guinaudeau, *g. gén.* |
| | — — | — — | Pontarlier (*Sud*). | Longchampt, *g. g.* |
| | — — | — — | Saint-Hippolyte. | Guilmart, *g. gén.* |

## TREIZIÈME CONSERVATION.

(Département : Jura.)

**M. Chaudey ✻ (♁A), *conservateur*, à Lons-le-Saunier.**

M. N..., *inspecteur adjoint sédentaire.*

| | Résidences. | Inspecteurs. MM. | Résidences. | Inspect. adjoints et Gardes généraux. MM. |
|---|---|---|---|---|
| Jura | Arbois | Badre (L.). | Salins | Pajot. |
| | Dôle | Martin (C. M. J.). | Dôle | Dambrun. |
| | Lons-le-Saunier. | Bergère ✻ (♁A). | Lons-le-Saunier (Est) | Roux (F.S.), garde gén. |
| | Lons-le-Saunier. | Roy (P.). | Lons-le-Saunier (Ouest) | N... |
| | Poligny | Barbier de la Serre. | Poligny | Poux. |
| | Saint-Claude | Gatteau. | Saint-Claude | N... |
| | — — | — — | Chaussin | N... |
| | — — | — — | Orgelet | Roux (P.), *g. gén.* |
| | — — | — — | Champagnole | Lescafette, *g. gén.* |
| | — — | — — | Saint-Laurent | Bailly-Salins. |
| | — — | — — | Orchamps | Charmolue ✻, *g. g.* |

## QUATORZIÈME CONSERVATION.

(Départements : Isère, Loire, Rhône.)

**M. Joly, *conservateur*, à Grenoble.**

M. Lavauden ✻, *inspecteur adjoint sédentaire.*

| | Résidences. | Inspecteurs. | Résidences. | Inspect. adjoints et Gardes généraux. |
|---|---|---|---|---|
| Isère | Grenoble (*Nord*). | Breton (L.-F.), ✻ [♁A]. | Grenoble | Lorin de Reure. |
| | | | Allevard | Guimet. |
| | Grenoble (*Sud*) | Vernet. | Villard de Lans | Guyot (H.), *g. gén.* |
| | Grenoble (*Ouest*). | Mourral (♁A). | St-Laurt-du-Pont | N... |
| | — — | — — | Mens | Lerois, *g. gén.* |
| | — — | — — | Vizille | Rouast, *garde gén.* |
| | — — | — — | Bourg-d'Oisans | Jasses, *g. gén.* |
| | — — | — — | Monestier-de-Clermont | Sentis. |
| | — — | — — | La Mure | Dutartre, *g. gén.* |
| | — — | — — | Bourgoin | Truc, *garde gén.* |
| | — — | — — | Saint-Marcellin | Roy, *garde général.* |
| Loire | Saint-Etienne | Lafond. | — — | — — |
| Rhône | Lyon | Grettiez (♁A). | | |

## QUINZIÈME CONSERVATION.

(Départements : Côtes-du-Nord, Finistère, Ille-et-Vilaine, Mayenne, Morbihan, Orne, Sarthe.)

**M. Steiner ✻, *conservateur*, à Alençon.**

M. N..., *garde général sédentaire.*

| | Résidences. | Inspecteurs. | Résidences. | Inspect. adjoints et Gardes généraux. |
|---|---|---|---|---|
| Morbihan | Lorient | Fatou. | Landerneau | Guerlesquin. |
| Ille-et-Vil. | Rennes | Comte (J. F.) ✻. | Fougères | Lefloch. |
| Finistère | — — | — — | — — | — |
| Mayenne et Sarthe | Le Mans | N... | Le Mans | Ducellier. |
| | | | Mamers | Scheffler. |
| Orne | Alençon | Reyniers. | Alençon | Aubert (G. G.) [♁A]. |
| | Mortagne (*Sud*) | N... | Mortagne (*Nord*) | Hermier. |

## SEIZIÈME CONSERVATION.

(Département : Meuse.)

**M. Forget (O✻, ♁I), *conservateur*, à Bar-le-Duc.**

M. N..., *sédentaire.*

| | Résidences. | Inspecteurs. | Résidences. | Inspect. adjoints et Gardes généraux. |
|---|---|---|---|---|
| Meuse | Bar-le-Duc | Léger (♁A). | Triaucourt | Husson, *garde gén.* |
| | Commercy | Volmerange (M.F.R.) ✻. | Commercy (*Est*) | Poujol de Molliens. |
| | Ligny | Decaux. | Gondrecourt | Boivin, *g. gén.* |
| | Montmédy | Savreux. | Dun-sur-Meuse | N... |
| | Saint-Mihiel | Picard (L. F. J.). | Saint-Mihiel | N... |
| | Verdun (*Est*) | Stef ✻. | Vigneulles | N... |
| | Verdun (*Ouest*) | Jeanjean. | Etain | Philip. |
| | — — | — — | Clermont | Lanternier. |

DIX-SEPTIÈME CONSERVATION.
(Départements : Ain, Saône-et-Loire.)

M. Emery, *conservateur*, à Mâcon.
M. Genevois, *garde général sédentaire.*

| | Résidences. | *Inspecteurs*, MM. | Résidences. | *Inspect. adjoints et Gardes généraux*, MM. |
|---|---|---|---|---|
| Ain | Belley | Sabatier de Lachadenède. | Artemare | N.. |
| | Bourg | Rives (A). | Bellegarde | Chabannier ✻. |
| | Ambérieu-en-Bugey | Bouffier. | Oyonnax | Berçol, *g. gén.* |
| | Gex | Keller. | — — | — — |
| | Nantua | Gallois ✻. | — — | — — |
| Saône-et-Loire | Autun | François. | Autun (*O.*) | Le Clerc ✻. |
| | Chalon-s.-Saône | Risacher. | Chalon-s.-Saône | Courageot. |
| | Mâcon | Carreau. | Mâcon | Hamiaux. |
| | — — | — — | Louhans | Boyer, *g. gén.* |
| | — — | — — | Charolles | Rivé, *garde gén.* |

DIX-HUITIÈME CONSERVATION.
(Départements : Ariège, Haute-Garonne, Tarn-et-Garonne.)

M. Tessier, *conservateur*, à Toulouse.
M. Fauveau, *inspecteur sédentaire.*

| | Résidences. | *Inspecteurs*, MM. | Résidences. | *Inspect. adjoints et Gardes généraux*, MM. |
|---|---|---|---|---|
| Ariège | Foix (*Est*) | Agasse. | Ax | Nougués. |
| | — — | — — | Quérigut | Omizos, *garde gén.* |
| | Foix (*Ouest*) | Hérisson-Laparre ✻. | Foix | Astrié. |
| | | | Tarascon | Lafage, *garde gén.* |
| | — — | — — | Castillon | N.. |
| | Saint-Girons | Caster. | Saint-Girons | Rousse. |
| | — — | — — | Seix | Rochas, *g. gén.* |
| Haute-Garonne et Tarn-et-Garonne | Bagnères-de-Luchon | Sajous. | Bagnères-de-Luchon | Viguerie ✻. |
| | | | Saint-Gaudens | Séris. |
| | Saint-Gaudens | Reverdy. | Saint-Béat | N.. |
| | Toulouse | N.. | Aspet | Boileau. |

DIX-NEUVIÈME CONSERVATION.
(Départements : Indre-et-Loire, Loiret, Loir-et-Cher, Loire-Inférieure, Maine-et-Loire.)

M. N.., *conservateur*, à Tours.
M. Leddet (O✻), *inspecteur adjoint sédentaire.*

| | Résidences. | *Inspecteurs*, MM. | Résidences. | *Inspect. adjoints et Gardes généraux*, MM. |
|---|---|---|---|---|
| Indre-et-L. | Tours | Romillat. | — — | — — |
| | Tours | Delaroche. | — — | — — |
| Maine-et-L. | — — | — — | Saumur | Oudin ✻, *g. gén.* |
| Loir-et-Ch. | Blois | Poussard. | Blois | Hudault. |
| Loire-Infér. | Nantes | Joubaire ✻. | — — | — — |
| Loiret | Lorris | Pillaudeau (A). | Lorris | Salomon, *g. g.* |
| | Orléans | Jaquot. | Châteauneuf | Roy (A. I. P.). |
| | — — | — — | Montargis | Camus. |
| | — — | — — | Vitry-aux-Loges | Pinaud (J.). |
| | — — | — — | Pithiviers | Delage, *garde gén.* |

VINGTIÈME CONSERVATION.
(Départements : Cher, Indre, Nièvre.)

M. Descubes du Chatenet ✻, *conservateur*, à Bourges.
M. Lanne, *inspecteur adjoint sédentaire.*

| | Résidences. | *Inspecteurs*, MM. | Résidences. | *Inspect. adjoints et Gardes généraux*, MM. |
|---|---|---|---|---|
| Cher | — — | — — | Vierzon | Molleveaux. |
| | Bourges | Dupré-la-Tour. | Bourges (*Nord*) | Véron. |
| | — — | — — | Bourges (*Sud*) | Paillié, *garde gén.* |
| Indre | Châteauroux | Bernard de Lavernette ✻. | Issoudun | Linguinou. |
| Nièvre | Clamecy | N.. | Lormes | Bonnet. |
| | Cosne | Lochet. | Donzy | Auvert. |
| | Nevers | Fortunet (I). | Nevers (*Est*) | Martin. |

VINGT-ET-UNIÈME CONSERVATION.
(Départements : Allier, Creuse, Puy-de-Dôme, Haute-Vienne.)

M. Ducamp (O ✻, ✿I), *conservateur*, à Moulins.
M. N..., *inspecteur adjoint sédentaire.*

| | Résidences. | *Inspecteurs.* MM. | Résidences. | *Inspect. adjoints et Gardes généraux.* MM. |
|---|---|---|---|---|
| Allier | Montluçon | Courbaire. | Cérilly | Bonnet. |
| | Moulins | Cormantrand de la Roussille | Cosne-d'Allier | Michaud, *g. g.* |
| | — — | — — | Gannat | Barrault. |
| Creuse | Guéret | N... | — — | — — |
| Puy-de-Dôme | Clermont-F. (*N.*). | Peyroux ✻. | Clermont-Ferr. | N... |
| | Clermont-F. (*S.*). | N... | Pontgibaud | Pailler. |
| | — — | — — | Issoire | André (P. H.). |
| Hte-Vienne. | Limoges | Lafond (A.) [✿A]. | Rochefort | N... |
| | — — | — — | Ambert | Berthélemy, *g. gén.* |

VINGT-DEUXIÈME CONSERVATION.
(Départements : Basses-Pyrénées, Hautes-Pyrénées, Gers.)

M. Chambeau ✻ (✿A), *conservateur*, à Pau.
M. Tapie, *inspecteur adjoint sédentaire.*

| | | | | |
|---|---|---|---|---|
| B.-Pyrén. | Bayonne | Henriquet (P.J.A.). | St-Jean-Pied-de-Port | Roy (B.), *g. gén.* |
| | — — | Claverie. | St-Palais | Hurteau, *g. gén.* |
| | — — | — — | Mauléon | Clément, *g. gén.* |
| | Oloron | Burin-Desroziers. | Bedous | Bernolle, *g. gén.* |
| | Pau | Sulzlée. | Pau | N... |
| | — — | — — | Oloron | Castéran. |
| | — — | — — | Laruns | Vidal, *garde gén.* |
| Htes-Pyrén. | Argelès | Bénévent. | Argelès | Escudié. |
| | — — | — — | Lourdes | Marrot ✻, *g. gén.* |
| | Arreau-Tarbes | N... | Arreau (*Nord*) | Debax. |
| | — — | — — | Arreau (*Sud*) | N... |
| | Bagnères-de-Bigorre | Le Père. | Bagnères-de-Bigorre | Grenier, *garde gén.* |
| | Tarbes | Duhar. | Tarbes (*Ouest*) | Pinaud (J.). |
| Gers | Auch | Guilbaud. | Tarbes (*Est*) | Larrieu, *g. gén.* |
| | — — | N... | Saint-Laurent | Bastouil. |

VINGT-TROISIÈME CONSERVATION.
(Départements : Alpes-Maritimes, Var.)

M. Tourtel ✻, *conservateur*, à Nice.
M. Chaluleau, *inspecteur adjoint sédentaire.*

| | | | | |
|---|---|---|---|---|
| Alpes-Mar. | Nice (*Ouest*) | Capoduoro. | Nice | Massias. |
| | Nice (*Est*) | Arlen | Sospel | Perrissol, *g. gén.* |
| | — — | — — | St-Martin-Vésubie | Pitti Ferrandi, *g. g.* |
| | — — | — — | Grasse | Faure. |
| | — — | — — | Puget-Théniers | N... |
| | — — | — — | Saint-Sauveur | Fagglanelli, *g. gén.* |
| Var | Brignoles | Violette. | Barjols | Restègue. |
| | Draguignan | Salvador (✿A). | Draguignan (*O.*). | Deslandres ✻. |
| | Toulon | Piche. | Toulon | Raynaud. |
| | — — | — — | Fréjus | Watier. |

VINGT-QUATRIÈME CONSERVATION.
(Départements : Charente, Charente-Inférieure, Deux-Sèvres, Vendée, Vienne.)

M. Goizet ✻, *conservateur*, à Niort.
M. Verneaux, *garde général sédentaire.*

| | | | | |
|---|---|---|---|---|
| Charente | Angoulême | Poupard. | | |
| Char.-Inférieure | — — | — — | Royan | Berlin (A. J.). |
| D.-Sèvres | Niort | Pommeret. | Niort | Barrière. |
| Vienne | Poitiers | Bézier. | — — | — — |
| Vendée | — — | — — | Les Sables-d'Olne. | Marsat. |

## VINGT-CINQUIÈME CONSERVATION.

(Départements : Aude, Pyrénées-Orientales, Tarn.)

M. Laporte ✻, *conservateur*, à Carcassonne.

M. Baldy, *inspecteur adjoint sédentaire.*

| | Résidences. | *Inspecteurs.* MM. | Résidences. | *Inspect. adjoints et Gardes généraux.* MM. |
|---|---|---|---|---|
| Aude | Carcassonne | Melliès. | Carcassonne | de Falvelly. |
| | Limoux | Guyon (I A). | Limoux | Cancé. |
| | — — | — — | Espézel | N... |
| | — — | — — | Quillan | Saunié, *garde gén.* |
| | — — | — — | Lagrasse | Devèze, *garde gén.* |
| Pyrén.-Or. | Perpignan | Gomart ✻. | Céret | Turc ✻, *garde gén.* |
| | Prades | Dedieu. | Formiguières | N..., *garde gén.* |
| | — — | — — | Prades | Durand, *garde gén.* |
| | — — | — — | Castres | Chambodue de St-Pulgent, *garde g.* |
| Tarn | Castres | N... | Grésigne | Vauthier. |
| | — — | — — | Perpignan | Mazauric. |
| | — — | — — | Montlouis (*E.*) | Cartou. |
| | Montlouis | Dedieu. | Montlouis (*O.*) | N..., *g. gén.* |

## VINGT-SIXIÈME CONSERVATION.

(Départements : Basses-Alpes, Bouches-du-Rhône.)

M. Perroy ✻ (I A), *conservateur*, à Aix.

M. Malpel, *inspecteur adjoint sédentaire.*

| | Résidences. | *Inspecteurs.* MM. | Résidences. | *Inspect. adjoints et Gardes généraux.* MM. |
|---|---|---|---|---|
| Bses-Alpes | Barcelonnette | ... | Barcelonnette (*E*) | Defoin. |
| | — — | — — | Barcelonnette (*O.*) | Barré. |
| | — — | — — | Barcelonnette (*S.*) | N... |
| | Digne (*Ouest*) | Hulin. | Digne (*Est*) | N... |
| | Digne (*Sud*) | Martin (E. L.). | Digne (*Ouest*) | Chavez. |
| | — — | — — | Annot | Macaire, *garde gén.* |
| | — — | — — | Castellane | Linguinou, *g. gén.* |
| | — — | — — | Seyne | Japhet, *g. gén.* |
| | — — | — — | Riez | Beuf, *garde gén.* |
| | — — | — — | Saint-André | Pioche. |
| | Sisteron | Pillot. | Sisteron | Lecadieu, *g. gén.* |
| Bouch.-du-Rhône | Aix | Bauby. | Marseille | Bresson. |
| | — — | — — | Forcalquier | Chambrier. |
| | — — | — — | La Motte-d.-Caire | Marin, *g. gén.* |

## VINGT-SEPTIÈME CONSERVATION.

(Départements : Gard, Hérault, Lozère.)

M. Bizot de Fonteny ✻, *conservateur*, à Nîmes.

M. Flaugère, *inspecteur adjoint sédentaire.*

| | Résidences. | *Inspecteurs.* MM. | Résidences. | *Inspect. adjoints et Gardes généraux.* MM. |
|---|---|---|---|---|
| Gard | — — | — — | Alais | Grandordy. |
| | Nîmes (*Ouest*) | Anterrieu-Vons. | Le Vigan | N... |
| | Nîmes (*Est*) | Pécheral. | Nîmes | Jonquet. |
| | Uzès | de Brun. | Uzès | Vève, *garde gén.* |
| | — — | — — | Pont-Saint-Esprit | Joubert. |
| Hérault | Montpellier | Vidal (✻). | Montpellier | Nègre. |
| | — — | — — | Bédarieux | Fontanel, *g. gén.* |
| | — — | — — | Saint-Pons | Marin, *g. gén.* |
| | — — | — — | Marvejols | Pébay. |
| Lozère | Mende (*Nord*) | Morel. | Langogne | N... |
| | Mende (*Sud*) | Griess. | Mende (*Sud*) | Ausset. |
| | — — | — — | Florac | Delouche, *g. g.* (✻). |
| | — — | — — | Meyrueis | N... |

### VINGT-HUITIÈME CONSERVATION.

(Départements : Aveyron, Cantal, Corrèze, Lot, Haute-Loire.)

**M. Buffault (M. J. E. P.) [✪A], *conservateur*, à Aurillac.**

M. Billet, *garde général sédentaire.*

| | Résidences. | *Inspecteurs.* MM. | Résidences. | *Inspect. adjoints et Gardes généraux.* MM. |
|---|---|---|---|---|
| Aveyron.. | — — | — — | Saint-Affrique... | Astié, *garde gén.* |
| | Rodez........ | Laguarigue de Survilliers. | Espalion....... | Courtial ✱, *garde gén.* |
| Cantal.... | Aurillac....... | Decencière-Ferrandière. | Murat........ | Vazeilles, *g. gén.* |
| Corrèze.. | Tulle......... | Berthon. | Mauriac....... | de Garidel-Theron, *g. g.* |
| Hte-Loire. | Le Puy........ | Rochette de Lempdes. | Le Puy....... | Boubal. |
| | — — | — — | Langeac........ | Rouchon. |
| | — — | — — | Yssingeaux.... | Cluzel, *garde gén.* |

### VINGT-NEUVIÈME CONSERVATION.

(Départements : Dordogne, Gironde, Landes, Lot-et-Garonne.)

**M. de Lapasse ✱ (✪A), *conservateur*, à Bordeaux.**

M. Chenu, *garde général sédentaire.*

| | | | | |
|---|---|---|---|---|
| Gironde... | Bordeaux (*Ouest*) | Grandjean. | Bordeaux (*Sud*). | Colomb. |
| | Bordeaux (*Nord*). | Buffault (P. H.) (✪I). | Le Moutchic.... | Sargos, *g. gén.* |
| Landes.... | Dax.......... | N... | Soustons...... | Cailloux, *garde g.* |
| | Mont-de-Marsan. | Biquet. | Mont-de-Marsan. | Loubère (✱). |
| Dordogne.. | Périgueux...... | du Guiny. | Parentis-en-Born | Pallu, *g. gén.* |

### TRENTIÈME CONSERVATION.

(Département : Corse.)

**M. Lescuyer ✱, *conservateur*, à Ajaccio.**

M. Carli, *inspecteur adjoint sédentaire.*

| | | | | |
|---|---|---|---|---|
| Corse.... | Ajaccio........ | Girod-Genet (✪I). | Vico.......... | Bonifaci. |
| | Bastia........ | Rotgès (✪A). | Bastia........ | Mosca. |
| | Corte......... | Magnein. | Corte......... | Santiaggi. |
| | Sartène....... | Massonnet ✱. | Sartène....... | N... |
| | Chiavari....... | Saliceti. | Zicavo........ | Giorgi. |
| | — — | — — | Calvi......... | Dompiétrini. |
| | — — | — — | Ghisoni....... | N... |
| | — — | — — | Porto-Vecchio... | Fazi, *g. gén.* |

### TRENTE ET UNIÈME CONSERVATION.

(Département : Haute-Marne.)

**M. Pierret ✱ (✪I), *conservateur*, à Chaumont.**

Béguinot, *inspecteur adjoint sédentaire.*

| | | | | |
|---|---|---|---|---|
| Hte-Marne.. | Chaumont (*Ouest*) | Balay. | Bourmont...... | Cablan. |
| | Chaumont (*Est*). | Jacquot (✪I). | Chaumont (*Nord*) | N... |
| | Langres (*Est*).... | Barbillat (✪A). | Chaumont (*Sud*). | Le Quesne, *g. gén.* |
| | Langres (*Ouest*). | Vessiot. | Châteauvillain... | Hamelet, *g. gén.* |
| | Wassy........ | Lescuyer. | Langres (*Est*)... | Nicolas du Senil, *g. g.* |
| | — — | — — | Auberive...... | Marchal. |
| | — — | — — | Wassy....... | Toussaint ✱, *g. g.* |
| | — — | — — | Bourbonne-les-Bains.. | Baudement. |
| | — — | — — | Joinville....... | Castre. |

## TRENTE-DEUXIÈME CONSERVATION.

(Départements : Haute-Saône, territoire de Belfort.)

M. Schæffer (✿A), *conservateur*, à Vesoul.

M. Deparrois, *inspecteur adjoint sédentaire.*

| | | | | |
|---|---|---|---|---|
| Hte-Saône. | Gray | Mourlot (✿A). | Gray | Bardy. |
| | — — | — — | Dampierre-sur-Salon | Rémy, *g. g.* |
| | Lure | Pioche. | Lure | Truchet. |
| | — — | — — | Saint-Loup | Vautrin. |
| | — — | — — | Faucogney | Guittard. |
| | Luxeuil | Humbert. | Luxeuil | N... |
| | — — | — — | Jussey | Lambert (C. E.). |
| | — — | — — | Rioz | Lallemand. |
| | Vesoul | Millischer (✿A). | Vesoul | Roussel ✱. |
| | — — | — — | Gy | N... |
| | — — | — — | Champagney | Henriey, *g. gén.* |
| | — — | — — | Héricourt | Roux, *garde gén.* |
| Territoire de Belfort. | Belfort | Bourguet. | Belfort (*Nord*) | Mougeot (A. E. F.). |

## SERVICE DES AMÉNAGEMENTS ET REBOISEMENTS.

1re, 2e et 15e CONSERVATIONS. — Paris.

*Aménagements.*

M. Gerdil (✿A), *inspecteur.*

4e et 16e CONSERVATIONS. — Nancy.

*Aménagements.*

M. Vaillant, *inspecteur adjoint.*

5e CONSERVATION. — Chambéry.

*Aménagements.*

Chef ..... M. Juvanon du Vachat, *insp.*

Membres. N... ; M. Luneau, *insp. adj.* ; M. Hubault, *garde général.* ; M. Rey, *insp. adj.*

*Reboisements.*

Chef..... M. Vogeli, *inspect.*

Membres. M. Alteirac ✱, *insp. adj.* ; M. Dole ✱, *insp. adj.* ; M. Tardy. ; N...

9e CONSERVATION. — Épinal.

*Aménagements.*

Membre.. M. Hatt, *inspect. adj.*

10e CONSERVATION. — Gap.

*Aménagements-reboisements.*

Membres. M. Dubois-Chabert, *insp. adj.* ; M. Ménard, *insp. adj.*

12e-13e CONSERVATIONS. — Besançon.

*Aménagements.*

M. Devarennes (✿A), *inspecteur.*

14e CONSERVATION. — Grenoble.

*Aménagements-reboisements.*

Chef ..... M. Breton (P. A.) ✱, *inspect.*

Membres. N..., *inspecteur adjoint.* ; M. Armand (L. C.), *insp. adj.* ; N..., *insp. adj.*

18e et 25e CONSERVATIONS. — Toulouse.

*Aménagements-reboisements.*

Chef ..... M. Gérard (P.E.A.) ✱, *inspecteur.*

Membres. M. de Boixo, *insp. adj.* ; M. Cornut de Lafontaine de Coincy (✿A), *insp. adj.* ; M. Roulhac de Rochebrune, *inspecteur adjoint.*

22e CONSERVATION. — Pau.

*Aménagements.*

Chef ..... M. de Luze ✱, *inspecteur.*

*Reboisements.*

Chef..... M. Dellon, *inspecteur.*

Membre.. M. Roger, *insp. adj.*

23e CONSERVATION. — Carcassonne.

*Reboisements.*

Chef ..... M. Perdrizet (G.-T.) (✿A), *inspecteur adjoint.*

Membre. M. Fournier, *garde général.*

*Aménagements.*

M. Vieil ✱, *inspecteur.*

21e ET 28e CONSERVATIONS. — Plateau de Millevaches.

M. Vazeilles (A. A. F. M.), *garde général.*

SERVICE FORESTIER EN ALGÉRIE. (Voy. Eaux et Forêts, aux départements d'Alger, d'Oran et de Constantine.)

## SERVICES EXTÉRIEURS DE L'HYDRAULIQUE ET DES AMÉLIORATIONS AGRICOLES.

### INSPECTEURS GÉNÉRAUX DE L'HYDRAULIQUE AGRICOLE.

MM. de Thélin (O ✱, ✿ A), ingénieur en chef des ponts et chaussées, rue Michel-Ange, 11, à Paris (XVI^e).
Troté ✱ (✿ A), *idem*, avenue de Saint-Cloud, 22 *bis*, à Versailles.

### INSPECTEURS GÉNÉRAUX DES AMÉLIORATIONS AGRICOLES.

MM. Pélissier ✱ (✿ I), boulevard de La Tour-Maubourg, 88 bis, à Paris (VII^e).
N...

---

## SERVICE DE LA MÉTÉOROLOGIE AGRICOLE.

*Boulevard des Invalides, 20, Paris (VII^e).*
*Téléphone : Saxe 20-81.*

M. N..., *chef de service.*
M. Rey, inspecteur, *sous-chef de service.*

---

## Services extérieurs ressortissant à la Direction des haras.

*Inspecteurs généraux de 1^re classe.* MM.

Ollivier (O ✱, ✿ I), à Nantes.
Quinchez O ✱ (✿ I), à Clermont-Ferrand.
Laurand (O ✱, ✿ A), à Agen.

*Inspecteurs généraux de 2^e classe.* MM.

De Saint-Pern ✱ (✿ A), à Rouen (Seine-Inférieure).
De Sevin ✱ (✿ A), à Bourges.
Bellamy (✿ A), à Châlons-sur-Marne.

*Directeurs de dépôts d'étalons.* MM.

| | | | |
|---|---|---|---|
| Carbonel de Canisy | *Angers.* | Lemoyne | *Pau.* |
| Letestu | *Annecy.* | Hervouët de la Robrie | *Perpignan.* |
| Marcerou | *Aurillac.* | De Tonnac Villeneuve | *Le Pin.* |
| De Lestapis | *Besançon.* | Jousset | *Pompadour.* |
| Leulier de la Faverie du Ché | *Blois.* | Aladane de Paraize | *Rodez.* |
| Radas | *Cluny.* | De Terras | *Rosières - aux - Salines.* |
| D'Agnel de Bourbon | *Compiègne.* | De Brinon | *Saintes.* |
| De Pierre | *Hennebont.* | De Watrigant | *Saint-Lô.* |
| Gaillard | *Lamballe.* | De Rieu de Madron | *Tarbes.* |
| Boscal de Réals de Mornac | *La Roche-sur-Yon.* | De La Forest-Divonne | *Villeneuve-sur-Lot.* |
| D'Arche | *Libourne.* | De Choin, sous-directeur, chef de la station | *Ajaccio.* |
| Denis | *Montier-en-Der.* | | |

---

## ÉCOLE DES HARAS DU PIN.

Le directeur du dépôt d'étalons du Pin, *directeur*, M. de Tonnac-Villeneuve.

*Professeurs.* MM.

| | |
|---|---|
| De Tonnac Villeneuve, *directeur* | *Science hippique.* |
| Sthème, *sous-directeur* | *Administration et tenue des établissements, comptabilité.* |

| | |
|---|---|
| Lunel de La Malène, *sous-directeur*, h. c. . . . | *Équitation théorique et pratique, attelage et dressage.* |
| Lebello, vétérinaire principal. . . . . . . . | *Zootechnie, anatomie, physiologie, hygiène et extérieur du cheval.* |
| De Bronac de Vazelhes, *sous-directeur*, chargé de la régie du domaine. . . . . . . . . . | *Agriculture théorique et pratique.* |

---

## Services extérieurs ressortissant à la Direction des services sanitaires et techniques et de la répression des fraudes.

### ÉCOLES NATIONALES VÉTÉRINAIRES ET SERVICES SANITAIRES DES ANIMAUX.

(Décrets des 18 février 1887 et 10 septembre 1908.)

Les écoles nationales vétérinaires qui sont établies à Alfort, à Lyon et à Toulouse reçoivent des internes, des demi-pensionnaires et des externes.

Le prix de l'internat est de 800 fr. par an, celui de la demi-pension 500 fr. et celui de l'externat 300 fr.

Des bourses et fractions de bourses sont données par le ministère de l'agriculture aux élèves dont les parents n'ont pas de ressources suffisantes pour payer la pension.

L'admission a lieu par voie de concours.

La durée des études est de quatre années, après lesquelles les élèves qui sont reconnus en état d'exercer la médecine des animaux domestiques reçoivent un diplôme de vétérinaire.

#### 1° *Inspection des écoles vétérinaires.*

M. Barrier (O ✻), *inspecteur général des écoles vétérinaires.*

#### 2° *Inspection des services sanitaires.* MM

Leclainche (O ✻), *inpecteur général*, chef du service de l'inspection.
Mesnard ✻, *idem*, à Mansle (Charente).
Babieaux ✻, *idem*, avenue Ledru-Rollin, 20, à Paris (XIIe).

### ÉCOLE NATIONALE VÉTÉRINAIRE D'ALFORT.

M. Vallée ✻, *directeur-professeur.*

*Administration* MM. Rabarot, *régisseur.* — Coulmont ✻, *économe.* — Fosté, *secrétaire de la dir.* — Villard, *commis d'administration.* — Montel, *idem.*

*Service médical.* M. Lafosse, *médecin.*

*Enseignement.* Professeurs. MM. Bourdelle, *anatomie et extérieur du cheval.* — Kaufmann ✻ (I A), *physiologie.* — Nicolas, *phys., chimie et pharmacie.*

*Enseignement* (Suite). Professeurs. MM. Vallée ✻, *pathol. des maladies contag., police sanitaire, législ. com. et méd.* — Cadiot ✻ (I A), *pathologie générale, etc., etc.* — Coquot, *patholog. chirurg.* — Railliet (O ✻), *histoire nat. et matière médicale.* — Dechambre ✻, *hyg. et zootech.* — Moussu ✻, *pathol. bovine, ovine, porcine et caprine et obstétrique.* — Petit ✻, *embriol., anatomie pathol. et histologie.*

### ÉCOLE NATIONALE VÉTÉRINAIRE DE LYON.

M. Lesbre ✻, *directeur-professeur.*

*Administration* MM. Dumousseau (M), *régisseur.* — Perrier, *économe.* — Aubin, *secrét. de la direct.* — Viala, *commis d'administration.*

*Service médical.* N..., *médecin.*

*Enseignement.* Professeurs. MM. Lesbre ✻, *anatomie et extér. du cheval.* — Maignon, *physiologie.* — Porcher ✻, *physique, chimie et pharmacie.*

*Enseignement* (Suite). Professeurs. MM. Panisset ✻ (I A), *path. des mal. cont., police sanit.* — Cadéac (I A), *pathol. gén.* — Douville, *pathologie chirurgicale et manuel opér.* — Marotel, *histoire naturelle et mat. méd.* — Boucher ✻ (I A), *hygiène et zootechnie.* — Panisset, *pathologie bovine, ovine, etc., etc.* — Ball, *anatomie pathologique et histologie.*

ÉCOLE NATIONALE VÉTÉRINAIRE DE TOULOUSE.

M. Besnoit (I A), *directeur-professeur.*

*Administration* MM. Bousquet, *régisseur.* Puntous, *économe.* Dubuc ✠, *secrétaire de la direction.* Lambert, *commis d'administration.*

*Service médical.* M. Morel, *médecin.*

*Enseignement.* Professeurs. MM. N..., *anat. et extér.* Lafon, *physiologie.* N..., *physique, chimie et pharmacie.*

*Enseignement* (Suite). Professeurs. MM. Daille, *pathol. des maladies contag., police sanitaire.* Cuillé, *pathologie générale médicale.* Sendrail, *pathologie chirurgicale spéciale, etc.* N..., *histoire naturelle et matière médicale.* Girard, *hyg. et zootech.* Besnoit, *pathologie bovine, ovine, porcine, etc.* Bimes, *anatomie pathologique et histologie.*

---

RÉPRESSION DES FRAUDES

INSPECTION RÉGIONALE DE LA RÉPRESSION DES FRAUDES.

M. Buré, inspecteur général.

*Inspecteurs divisionnaires principaux.* MM.

Toubeau (I A) ..... Paris. | Fouquet (I I) ..... Paris. | Nuss (I A) ....... Paris.

*Inspecteurs divisionnaires.* MM.

| | | | |
|---|---|---|---|
| Hiver (O ✠) | Lille. | Patoz (O ✠, I A) | Lyon. |
| N... | Nancy. | Moity ✠ | Dijon. |
| Dequeunes (O ✠) | Nantes. | Ravinet (O ✠, I A) | Caen. |
| Querré ✠ (O ✠, I A) | Tours. | Couston (O ✠), *insp. div. hors cad.* | Paris. |
| Duran (O ✠, I A) | Bordeaux. | Néri-Corbière ✠, *insp. div. adj.* | Paris. |
| Gillot ✠ | Toulouse. | Sauvanet ✠, *idem* | Paris. |
| Luscan (O ✠, I A) | Montpellier. | | |
| Saint-Paul (O ✠) | Marseille. | | |

*Inspecteurs départementaux.* MM.

| | | | | | |
|---|---|---|---|---|---|
| Valentini ✠ | Paris. | Leclercq | Rouen. | Foropon | Rennes. |
| Vanthournout ✠ (1) | Lille. | Doublat | Caen. | Kergal | Quimper. |
| Fohet ✠ | Amiens. | Frelon | Dreux. | Delaunay | Tours. |
| Régnier ✠ (2) | Saint-Quentin. | Chable | Le Mans. | Giry | Guéret. |
| Caron | Reims. | Robton | Nantes. | Aberdour | Limoges. |
| Poux ✠ | Versailles. | Carroy | Angers. | Defize | Poitiers. |
| Malaurie ✠ | Saintes. | Abadie | Cahors. | Lagarrigue | Orléans. |
| Rafaillac | Angoulême. | Garro | Nice. | Bertrand | Bourges. |
| Lagarde | Agen. | Balinesi | Ajaccio. | Brun | Chalon-sur-Saône. |
| Déramond | Pau. | Pidoux | Marseille. | Triboulet | Dijon. |
| Bouas ✠ | Toulouse. | Got | Avignon. | Fourgon | Auxerre. |
| Vila | Albi. | Murat | Digne. | Paris | Nancy. |
| Caillau | Tarbes. | Chatinel | Clermont-Ferrand. | Peynet | Bar-le-Duc. |
| Vila | Perpignan. | Mirabel | Saint-Étienne. | Cuinet | Belfort. |
| Tatareau | Tournon. | Tailleur | Grenoble. | Molle | Besançon. |
| Cottin | Rodez. | Cipière | Chambéry. | | |
| Fourtanier | Montpellier. | Rouvière | Lyon. | | |

INSPECTEURS DES FABRIQUES DE MARGARINE ET D'OLÉO-MARGARINE.

*Bouches-du-Rhône* : MM. Féraud, Girard, Pouget et Mauduech, à Marseille.
*Gironde* : M. Noy, à Bègles ; M. Laurens, à Floirac.
*Nord* (3) : MM. Paturaux et Fougnies, à Solesmes ; MM. Huart et Bladviel, à Bondues.

---

(1) Agents restés à leur poste en territoire envahi.
(2) Poste temporairement supprimé.
(3) Transféré temporairement à Boulogne-sur-Mer.

*Pas-de-Calais* : MM. Frammery et Dulart, à Béthune.
*Rhône* : MM. Petit et Perrier ✻, à Lyon.
*Seine* : MM. Masse ✻, Rabut ✻ (I A) et Berthelin ✻, à Aubervilliers ; MM. Chapel ✻, Chrétien ✻, Faure ✻ (I A) et Marrast, à Pantin ; MM. Massart ✻ et Gay ✻, au Pré-Saint-Gervais.
*Seine-Inférieure* : MM. Gondouin ✻ et Martin, à Malaunay ; M. N..., au Havre ; M. Trouffier, à Yvetot.

---

## LABORATOIRES AGRÉÉS POUR L'ANALYSE DES ÉCHANTILLONS PRÉLEVÉS.

### 1° *Laboratoires régionaux.*

Laboratoire municipal d'Amiens. *Directeur* : M. Stœcklin. — Somme, Oise.

Laboratoire municipal d'Angoulême. *Directeur* : M. Mourier. — Charente.

Station agronomique d'Arras. *Directeur* : M. Vuaflart. — Pas-de-Calais, Aisne (arrondissements de Vervins et de Saint-Quentin) (1).

Station agronomique d'Auxerre. *Directeur* : M. Rousseau. — Loiret, Yonne, Nièvre.

Laboratoire du Ministère des finances, à Bayonne. *Directeur* : M. N... — Basses-Pyrénées.

Station œnologique de Beaune. *Directeur* : M. Mathieu. — Saône-et-Loire, Ain, Côte-d'Or (arrondissement de Beaune).

Station agronomique départementale de Besançon. *Directeur* : M. Parmentier. — Doubs, Jura, territoire de Belfort.

Station agronomique départementale de Blois. *Directeur* : M. Vezin ; *sous-directeur* : M. Fallot. — Loir-et-Cher.

Station agronomique de Bordeaux. *Directeur* : M. Gayon. *Sous-directeur* : M. Laborde. — Charente, Charente-Inférieure, Gironde, Landes, Dordogne, Lot-et-Garonne.

Laboratoire municipal de Brest. *Directeur* : M. Auguet. — Finistère.

Station pomologique et agronomique de Caen. *Directeur* : M. Warcollier. — Manche, Calvados.

Station agronomique de Chartres. *Directeur* : M. Garola. — Eure-et-Loir, Orne, Sarthe.

Station agronomique de Châteauroux. *Directeur* : M. Alla. — Indre, Cher, Creuse, Allier (arrondissement de Montluçon).

Laboratoire municipal de Clermont-Ferrand. *Directeur* : M. Gros. — Puy-de-Dôme, Cantal, Corrèze.

Station agronomique de l'institut œnologique et agronomique de Bourgogne, à Dijon. *Directeur* : M. Granvigne. — Côte-d'Or (moins l'arrondissement de Beaune), Haute-Saône, Aube, Haute-Marne.

Laboratoire municipal de Grenoble. *Directeur* : M. Crozier. — Isère, Hautes-Alpes.

Laboratoire municipal du Havre. *Directeur* : M. Sanarens. — Seine-Inférieure (arrondissements du Havre et d'Yvetot).

Laboratoire municipal de Lézignan. *Directeur* : M. Dufour. — Aude.

Laboratoire municipal de Lille. *Directeur* : M. Bonn. — Nord (2).

Laboratoire municipal de Lyon. *Directeur* : M. Frehse. — Rhône, Savoie, Haute-Savoie, Drôme.

Laboratoire municipal du Mans. *Directeur* : M. Marchadier. — Sarthe.

Laboratoire départemental des Bouches-du-Rhône, à Marseille. *Directeur* : M. Baud. — Bouches-du-Rhône, Vaucluse, Corse.

Station œnologique de Montpellier. *Directeur* : M. Roos. — Hérault, Tarn.

Station agronomique de Nancy. *Directeur* : M. Colomb-Pradel. — Meurthe-et-Moselle, Meuse, Vosges.

Station agronomique de Nantes. *Directeur* : M. Andouard. — Morbihan, Loire-Inférieure, Vendée, Maine-et-Loire.

Laboratoire municipal de Nice. *Directeur* : M. Geneuil. — Alpes-Maritimes.

Laboratoire municipal de Nîmes. *Directeur* : M. Aubouy. — Ardèche, Gard.

Laboratoire départemental d'analyses agricoles de la Vienne, à Poitiers. *Directeur* : M. Bodroux. — Deux-Sèvres, Vienne, Haute-Vienne.

---

(1) Transféré temporairement à Boulogne-sur-Mer.
(2) Laboratoire temporairement supprimé.

Laboratoire du Ministère des finances de Port-Vendres. *Directeur* : M. Vaillant. — Pyrénées-Orientales.

Laboratoire municipal de Reims. *Directeur* : M. Ronnet (1). — Aisne (moins les arrondissements de Vervins et de Saint-Quentin), Marne, Ardennes.

Laboratoire municipal de Rennes. *Directeur* : M. Perrier. — Ille-et-Vilaine, Mayenne, Côtes-du-Nord.

Laboratoire municipal de Rouen. *Directeur* : M. Le Roy. — Seine-Inférieure (moins les arrondissements du Havre et d'Yvetot), Eure.

Station agronomique de Rodez. *Directeur* : M. Martin (2). — Aveyron, Lozère, Lot.

Laboratoire municipal de Saint-Étienne. *Directeur* : M. Deharbe. — Loire, Haute-Loire, Allier (moins l'arrondissement de Montluçon).

Laboratoire municipal de Saintes. *Directeur* : M. Lavoux. — Charente-Inférieure (moins l'arrondissement de La Rochelle).

Laboratoire départemental d'analyses agricoles d'Indre-et-Loire, à Tours. *Directeur* : M. Robin. — Indre-et-Loire.

Laboratoire municipal de Toulon. *Directeur* : M. Blanchard. — Var, Basses-Alpes.

Laboratoire municipal de Toulouse. *Directeur* : M. Surre. — Tarn-et-Garonne, Gers, Hautes-Pyrénées, Haute-Garonne, Ariège.

### 2° *Laboratoires spéciaux.*

#### LABORATOIRE D'ESSAI DES SEMENCES ET D'ANALYSE DES TOURTEAUX.

(Rue Platon, 4, à Paris) [XV^e].

M. Schribaux (O✻), *directeur*, professeur à l'Institut national agronomique.
M. Bussard, *sous-directeur*.

Ce laboratoire est chargé de l'examen de tous les échantillons de semences et de tourteaux alimentaires prélevés en France.

#### LABORATOIRE D'ANALYSE DES PRODUITS RÉSINEUX.

*Faculté des sciences de Bordeaux.*

M. Vèze (I), *directeur*, professeur à la Faculté des sciences de Bordeaux.

Ce laboratoire est chargé de l'examen de tous les échantillons d'essence de térébenthine prélevés dans les départements.

#### LABORATOIRE D'ÉTUDES ET DE CONTRÔLE DES CONSERVES DE L'ARMÉE.

(Boulevard des Invalides, 8, à Paris [VII^e]).

MM. Blanc, docteur ès sciences, *directeur*.
Couturier, chimiste au laboratoire central, *détaché*.

Ce laboratoire est chargé de l'analyse des conserves de viande et des produits de la charcuterie prélevés à Paris et dans les départements.

#### LABORATOIRE DU CONSEIL SUPÉRIEUR D'HYGIÈNE PUBLIQUE DE FRANCE.

(Boulevard du Montparnasse, 52, à Paris) [XV^e].

Ce laboratoire est chargé de l'analyse des sérums thérapeutiques prélevés par application des lois du 1er août 1905 et 25 avril 1895.

## ANALYSE DES PRODUITS MÉDICAMENTEUX.

#### LABORATOIRE D'ÉTUDE ET D'ANALYSE DES MÉDICAMENTS ET PRODUITS HYGIÉNIQUES.

*École supérieure de pharmacie de Paris.*

M. Fayolle (I), *directeur*.
M. François, *sous-directeur*.

Ce laboratoire est chargé de l'analyse des produits pharmaceutiques et hygiéniques prélevés dans le ressort indiqué au tableau ci-après. Il est en même temps le laboratoire d'études de la section de pharmacie de la commission technique permanente.

---

(1) Détaché temporairement au laboratoire central.
(2) Laboratoire temporairement fermé.

## LABORATOIRES ET STATIONS AGRONOMIQUES.

### 1° *Stations agronomiques et œnologiques appartenant à l'État.*

| Département | Station | MM. |
|---|---|---|
| Aude | Narbonne (station œnologique) | Semichon (O ✠), *directeur.*<br>N..., *préparateur.* |
| Aveyron | Rodez (station agronomique) | Martin, *directeur.*<br>Favreau, *préparateur.* |
| Calvados | Caen (stat. pomolog. et agron.) | Warcollier (O ✠).<br>Le Moal ✠, *préparateur.*<br>Jagu, *préparateur.* |
| Côte-d'Or | Beaune (station œnologique) | Mathieu (O ✠, ✿I), *directeur.*<br>Chauvet, *préparateur.*<br>Ferré, *préparateur.*<br>Carimentran, *secrétaire.* |
| Gard | Nimes (station œnologique) | Astruc (O ✠), *directeur.*<br>N..., *préparateur.* |
| Garonne (Haute-) | Toulouse (station œnologique) | Vincens, *directeur.*<br>Lhuillier (O ✠), *préparateur.* |
| Gironde | Bordeaux (station agronomique et œnologique) | Gayon (O ✻, C ✠, ✿I), *directeur.*<br>N..., *sous-directeur.*<br>Bruneau, *préparateur.* |
| Hérault | Montpellier (station œnologique) | Roos ✻ (O ✠), *directeur.*<br>Hugues ✠, *préparateur.*<br>M^me Delon, *préparatrice.*<br>Raunier-Beauclaire, *secrétaire.* |
| Indre | Châteauroux (station agronom.) | Alla (O ✠, ✿I), *directeur.*<br>Baloux, *préparateur.* |
| Jura | Poligny (station agronom.) | François ✠, *directeur.* |
| Seine-et-Oise | Meudon (physique végétale)<br>Meudon (chimie végétale) | Berthelot, *directeur.*<br>N... |
| Vendée | Pétré, près Luçon (station agronomique) | Touchard (O ✠, ✿I), *directeur.*<br>Bonnétat ✠, *préparateur.* |

### 2° *Stations agronomiques appartenant aux départements ou aux communes.*

| Département | Station | MM. |
|---|---|---|
| Aisne | Laon (station agronomique) [1] | Demolon. |
| Bouches-du-Rhône | Marseille (laboratoire agricole) | Gassend (O ✠). |
| Côte-d'Or | Dijon (station agronomique) | Grandvigné, *directeur.* |
| Eure-et-Loir | Chartres (station agronomique) | Garola ✻ (O ✠, ✿I), *directeur.*<br>Braun, *préparateur.* |
| Finistère | Quimper (station agronomique) | Vincent ✠, *directeur.* |
| Indre-et-Loire | Tours (station agronomique) | Robin (O ✠, ✿A), *directeur.* |
| Loir-et-Cher | Blois (station agronomique, œnologique et entomologique) | Vezin (C ✠, ✿A), *directeur.*<br>Fallot (O ✠), *sous-directeur.* |
| Loire-Inférieure | Nantes (station agronomique) | Andouard (fils), *directeur.* |
| Marne | Châlons (station agronomique) | Lebrun ✠, *directeur.* |
| Mayenne | Laval (station agronomique) | Masserou (O ✠), *directeur.* |
| Meurthe-et-Moselle | Nancy (station agronomique) | N..., *directeur.* |
| Meuse | Bar-le-Duc (station agronomique) | Robert ✠, *directeur.* |
| Nièvre | Nevers (station agronomique) | Mancheron (O ✠), *directeur.* |
| Nord | Lille (station agronomique) [1] | Dubernard ✻ (O ✠, ✿A), *directeur.*<br>Paulhac, *préparateur.* |
| Pas-de-Calais | Arras (station agronomique)<br>Béthune (laboratoire agricole)<br>Boulogne (laboratoire agricole) | Vuaflart (O ✠, ✿I), *directeur.*<br>Ponnelle ✠ (✿I), *directeur.*<br>Durier ✠, *directeur.* |
| Saône-et-Loire | Cluny (station agronomique) | N..., *directeur.* |
| Seine | Paris (stat. agronomique de l'Est) | Bartmann (O ✠, ✿A), *directeur.* |
| Seine-Inférieure | Rouen (station agronomique) | Brioux ✠, *directeur.* |

(1) Station temporairement supprimée.

| | | MM. |
|---|---|---|
| Seine-et-Marne..... | Melun (station agronomique). | N..., *directeur*. |
| Seine-et-Oise ..... | Versailles (station agronomique). | Rivière, *directeur*. |
| Somme........... | Amiens (station agronomique).... | Crochetelle (O ⚘). |
| Vienne........... | Poitiers (laboratoire agricole)..... | Bodroux, *directeur*. |
| Yonne............ | Auxerre (station agronomique)... | Rousseaux ✽ (O ⚘, ❦ I), *directeur*.<br>Sirot, *préparateur*. |

## CHAIRES DE CHIMIE AGRICOLE SUBVENTIONNÉES.

| | | MM. |
|---|---|---|
| Calvados........ | Caen.............................. | Warcollier (O ⚘). |
| Gironde.......... | Bordeaux......................... | Gayon (O ✽, O ⚘). |
| Haute-Garonne.... | Toulouse......................... | Fabre (❦ A). |

## SERVICE DES ÉPIPHYTIES.

Un service de recherches sur les maladies des plantes a été organisé au ministère de l'Agriculture, sous le nom de *Service des Épiphyties*, par le décret du 11 mai 1915.

Ce service groupe :

1° Les stations d'étude des maladies des plantes ;

2° L'inspection phytopathologique de la production agricole ;

3° Le contrôle à l'importation des semences fourragères.

L'inspection des grainages de vers à soie et les stations séricicoles sont rattachées audit service.

*Inspecteur général* : M. P. Viala ✽.

*Inspecteurs*............ MM. Foex ⚘.
Gastine (O ⚘).
Latière (O ⚘, ❦ I).
Marchal ✽.

### 3° *Stations pour la recherche et l'étude des maladies des plantes.*

| | | MM. |
|---|---|---|
| Alpes-Maritimes... | Antibes (station patholog. végét.).<br>Menton (insectorium). | Poirault ✽.<br>Poutiers, *chef de travaux*. |
| Rhône............ | Saint-Génis-Laval (stat. entomol.). | Paillot, *directeur*. |
| Gard.............. | Alais (station séricicole)........ | Mozziconnacci (C ⚘, ❦ I), *directeur*. |
| Gironde........... | Bordeaux (station entomologique).<br>Cadillac (station phytopatholog.). | Feytaud (❦ A), *directeur*.<br>Capus (O ⚘, ❦ I), *directeur*. |
| Hérault........... | Montpellier (station entomolog.). | Picard, *directeur*. |
| Seine............. | Paris (station d'essais des semences et graines)............ | Schribaux ✽ (O ⚘, ❦ I), *directeur*.<br>Bussard (O ⚘, ❦ A), *sous-directeur*.<br>François ⚘, *chef de travaux*.<br>Maylin, *préparateur*. |
| | Paris (laboratoire de fermentat.).. | Kayser ✽ (O ⚘, ❦ I), *directeur*.<br>Delaval, *préparateur*. |
| | Paris (stat. de pathologie végét.). | Foex ⚘, *directeur*.<br>Arnaud, *chef de travaux*. |
| | Paris (stat. d'entomologie agric.). | Marchal ✽ (O ⚘, ❦ A), *direct.*<br>N..., *chef de travaux*.<br>Vayssière, *préparateur*. |
| | Paris (stat. de recherches vitic.). | Viala O ✽, C ⚘), *directeur*.<br>Marsais, *chef de travaux*.<br>Rabaut, *préparateur*. |
| Seine-Inférieure... | Rouen (laboratoire d'entomologie). | Noël (O ⚘, ❦ A), *directeur*. |
| Seine-et-Marne.... | Fontainebleau (physiol. végét.). | Bonnier ✽ (❦ I), *directeur*. |
| Var............... | Draguignan (station séricicole). | Brandi (O ⚘, ❦ A), *directeur*. |

NANCY, IMPRIMERIE BERGER-LEVRAULT. — FÉVRIER 1919

www.ingramcontent.com/pod-product-compliance
Lightning Source LLC
LaVergne TN
LVHW010100230826
846091LV00005B/2017